"十四五"普通高等教育本科部委级规划教材

纺织类非物质文化遗产保护与开发概论

尹艳冰 马涛 主编

中国纺织出版社有限公司

内 容 提 要

本书从非物质文化遗产学科的视角，通过对纺织非遗概况、纺织非遗的价值、纺织非遗保护的法律机制、纺织非遗的调查与采录、国外纺织非遗保护与开发的经验等内容对纺织非遗保护与开发进行了全新解读，围绕"价值塑造、知识传授、能力培养"三个维度引领读者探究非物质文化遗产承载的历史文化、社会信息、民族价值观念、道德准则等，以此来树立正确的非遗观，深入理解文化遗产的深厚内涵，增强民族认同感，提升文化自信。本书全面客观，内容丰富，利于广大读者系统了解和深入学习，对弘扬传统文化、推动纺织非遗保护工作具有十分积极的作用。

本书适合作为纺织类院校所有专业学生的选修课教材，也适合纺织类非遗研究人员及业余爱好者参考阅读。

图书在版编目（CIP）数据

纺织类非物质文化遗产保护与开发概论 / 尹艳冰，马涛主编． -- 北京：中国纺织出版社有限公司，2021. 12

"十四五"普通高等教育本科部委级规划教材

ISBN 978-7-5180-9005-1

Ⅰ．①纺… Ⅱ．①尹… ②马… Ⅲ．①纺织工业—非物质文化遗产—保护—中国—高等学校—教材②纺织工业—非物质文化遗产—发展—中国—高等学校—教材 Ⅳ． ① F426. 81

中国版本图书馆 CIP 数据核字（2021）第 208161 号

责任编辑：朱利锋　责任校对：王蕙莹　责任印制：何 建

中国纺织出版社有限公司出版发行
地址：北京市朝阳区百子湾东里A407号楼　邮政编码：100124
销售电话：010 — 67004422　传真：010 — 87155801
http://www.c-textilep.com
中国纺织出版社天猫旗舰店
官方微博http://weibo.com/2119887771
唐山玺城印务有限公司印刷　各地新华书店经销
2021年12月第1版第1次印刷
开本：787×1092　1/16　印张：9.25
字数：176千字　定价：68.00元

前言

　　党的十九大报告中指出，深入挖掘中华优秀传统文化蕴含的思想观念、人文精神、道德规范，结合时代要求继承创新，让中华文化展现出永久魅力和时代风采。非物质文化遗产，是传统文化源远流长的精髓。非物质文化遗产传承，是技艺的传承，更重要的是它所承载的文化内涵的延续。纺织类非物质文化遗产是我国非物质文化遗产中具有重要地位和影响的一个组成部分。传承、保护与开发非物质文化遗产是我们的义务和责任所在。

　　本书以习近平新时代中国特色社会主义思想为指导，在系统、完整地阐述纺织类非物质文化遗产赋存情况的基础上，让学生了解纺织类非物质文化遗产的价值、保护的法律机制、调查与采录的方法，以及国外纺织类非物质文化遗产保护与开发的经验等内容，旨在用大历史观的视角，引导学生全方位、多角度感受纺织类非物质文化遗产的魅力，掌握纺织类非物质文化遗产的相关知识。让纺织类非物质文化遗产的独特魅力和文化内涵激发学生的爱国热情，培养学生的民族自豪感和文化认同感，实现价值塑造、知识传授和能力培养的紧密融合。

　　本书由天津工业大学现代纺织产业创新研究中心尹艳冰、马涛主编，姜弘、龚雪燕、孙静等老师参与编写，刘晨、陈奇奇、贾昕等同学负责资料的搜集整理工作。本书在编写过程中参考了大量的文献资料，文中有些图片、资料来自中国非物质文化遗产网、百度百科、互动百科等网络资源，而且文中多数图、表也根据此类资源整理绘制。在此，我们对所阅读、参考的有关资料的作者表示诚挚的感谢。

　　本书适合作为纺织类高校所有专业学生的选修课教材，也适合纺织类非遗研究人员及业余爱好者参考阅读。由于纺织类非物质文化遗产保护与开发是一个新领域，同时由于作者水平有限，难免出现纰漏，恳请广大读者批评指正，以便将来修正、补充。

编者

2021 年 10 月

纺织类非物质文化遗产保护与开发概论

目录

第一章

纺织类非物质文化遗产概述

本章主要内容

本章主要介绍了非物质文化遗产的概念源起、保护概况，纺织类非物质文化遗产的界定、特征等，并从行业分类和区域分布两个层面梳理了纺织类非物质文化遗产的赋存情况。

第一节　非物质文化遗产

　　非物质文化遗产，简称"非遗"，是历史留给人类的宝贵财富。从存在形态上，文化遗产可以分为物质文化遗产和非物质文化遗产。物质文化遗产（material cultural heritage），也称作有形文化遗产，包括不可移动文物，如古遗址、古建筑、古墓葬、石刻、石窟寺、壁画等；可移动文物，如艺术品、文献、历史上重要实物、手稿等，以及历史文化名城、名村镇、名街区。

　　非物质文化遗产（intangible cultural heritage），也称作无形文化遗产，是指口头传统、民俗活动、礼仪节庆、传统手工艺等以及与此相关的文化空间。它体现了人类的思想、才智和情感，具有丰富的内涵，是人类得以延续的文化命脉，是世界文明的宝贵财富，具有不可估量的价值。

一、非物质文化遗产概念源起

　　在人类发展过程中，对于重要历史财富的认识与保护，很多都是在其面临破坏和流失的时候重视起来的，这就决定了最初的保护模式和法律源起，即对于重要的物质性财富的保护。然而，随着社会经济发展，人类生产生活方式的转变，对于历史财富的保护产生了新的问题和认知，人们开始意识到非物质形态的历史环境保护同样重要，于是开始把技术等非物质财富逐渐纳入保护范围。在文化遗产保护的进程中，非物质文化遗产的特殊性和重要性逐渐被认识，非物质文化遗产的保护活动开始在全世界范围内广泛开展。

　　非物质文化遗产的概念是受日本"无形文化财"概念的启发而提出来的。日本在1950年通过了一部法律——《文化财保护法》，是在《古社寺保存法》《国宝保存法》《重要美术品等保存法》《史记名胜天然纪念物保存法》四个法令的基础上产生的，在保护对象、保护主体、保护范围上都有了极大扩充，一定程度上体现了人们想把所有好的、宝贵的历史财富都保留下来的愿望。

　　2003年10月，联合国教科文组织在巴黎通过了《保护非物质文化遗产公约》，标志着"非物质文化遗产"这个新的概念正式以国际性法律文件确定下来。公约对非物质文化遗产的概念和范围进行了界定，随后，在《申报书编写指南》中又对其概念做了进一步解释："口头和非物质遗产作为决定文化身份，激发创造力，并保护文化多样性的基本要素，它已被国际公认。"至此，有关非物质文化遗产保护的法律法规已比较规范，各个国家也有了可以依据的申报细则，这意味着世界非物质文化遗产保护工作已经进入了新的阶段。非物质文化遗产概念的认知和演变过程如表1-1所示。

表1-1 非物质文化遗产概念的认知和演变过程

年份	主体	事件
1965	美国	"世界遗产信托基金"建议案
1972	联合国教科文组织	通过《保护世界文化和自然遗产公约》；颁布了《关于国家一级保护文化和自然遗产的建议》；在世界范围内展开了"人类口头和非物质遗产代表作"的申报工作，并提出了"文化遗产"等概念
1982	联合国教科文组织	正式设立了一个部门，称为 Nonphysical Heritage（非物质遗产）部门
1987	联合国教科文组织	明确将非物质遗产作为保护对象
1997	联合国教科文组织	通过了《人类口头及非物质遗产代表作宣言》，界定了"人类口头与非物质遗产"的含义
2001	联合国教科文组织	都灵会议正式界定了"非物质文化遗产"概念
2001	联合国教科文组织	进行了第一次世界范围的人类口头和非物质文化遗产的宣言，包括中国歌剧在内的19个代表性项目得到了联合国教科文组织的认可
2003	联合国教科文组织	第32届大会通过了《保护非物质文化遗产公约》，不但对非物质文化遗产的概念、范围进行了详细界定，还通过了《申报书编写指南》

003

二、非物质文化遗产的分类

联合国教科文组织颁布的《保护非物质文化遗产公约》所定义的"非物质文化遗产"包括以下方面：口头传统和表现形式，包括作为非物质文化遗产媒介的语言；表演艺术；社会实践、仪式、节庆活动；有关自然界和宇宙的知识和实践；传统手工艺，如图1-1所示。

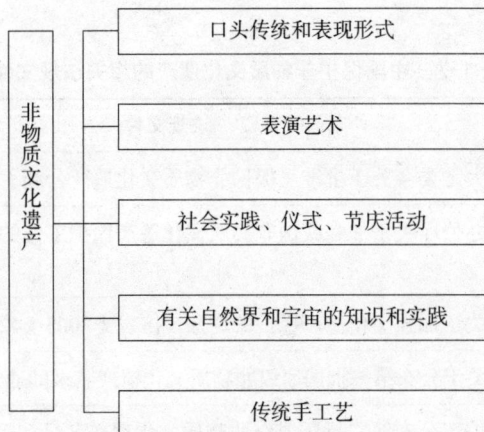

图1-1 非物质文化遗产具体内容

《中华人民共和国非物质文化遗产法》规定：非物质文化遗产是指各族人民世代相传并视为其文化遗产组成部分的各种传统文化表现形式以及与传统文化表现形式相关的实物和场所。包括：传统口头文学以及作为其载体的语言；传统美术、书法、音乐、舞蹈、戏剧、曲艺和杂技；传统技艺、医药和历法；传统礼仪、节庆等民俗；传统体育和游艺；其他非物质文化遗产，如图1-2所示。

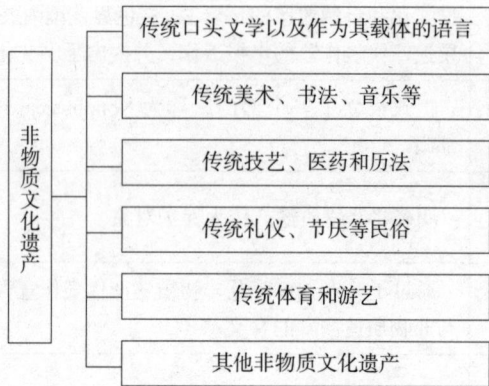

图1-2 我国非物质文化遗产具体内容

国家级非物质文化遗产名录将其分为10大门类，其中5个门类的名称在2008年有所调整，并沿用至今。10大门类分别为：民间文学，传统音乐，传统舞蹈，传统戏剧，曲艺，传统体育、游艺与杂技，传统美术，传统技艺，传统医药，民俗。

三、我国非物质文化遗产保护概况

近年来，我国开始开展非物质文化遗产的保护与传承活动，并踊跃参与联合国教科文组织"人类口头和非物质遗产代表作项目"的申报，"非物质文化遗产"这一概念逐渐被国人所熟知。

伴随着非物质文化遗产保护工作的深入和推进，我国相继出台和完善了一系列非物质文化遗产保护的相关法律法规（表1-2），中国对非物质文化遗产保护的重视程度逐步提升。

表1-2 中国保护非物质文化遗产的相关法规文件

级别	年份	法规文件
国家	2004	全国人大常委会关于批准《保护非物质文化遗产公约》的决定（2004）
	2005	国务院办公厅关于加强我国非物质文化遗产保护工作的意见（国办发〔2005〕18号）
	2005	国务院关于加强文化遗产保护的通知（国发〔2005〕42号）
	2006	国务院关于公布第一批国家级非物质文化遗产名录的通知（国发〔2006〕18号）
	2008	国务院关于公布第二批国家级非物质文化遗产名录和第一批国家级非物质文化遗产扩展项目名录的通知（国发〔2008〕19号）

级别	年份	法规文件
国家	2011	中华人民共和国非物质文化遗产法（中华人民共和国主席令第四十二号）
	2011	国务院关于公布第三批国家级非物质文化遗产名录的通知（国发〔2011〕14 号）
	2014	国务院关于公布第四批国家级非物质文化遗产代表性项目名录的通知（国发〔2014〕59 号）
	2016	国务院关于同意设立"文化和自然遗产日"的批复（国函〔2016〕162 号）
	2017	关于实施中华优秀传统文化传承发展工程的意见（2017）
	2017	国务院办公厅关于转发文化部等部门中国传统工艺振兴计划的通知（国办发〔2017〕25 号）
部级	2004	文化部、财政部联合发出关于实施中国民族民间文化保护工程的通知（文社图发〔2004〕11 号）
	2005	文化部办公厅关于开展非物质文化遗产普查工作的通知（办社图函〔2005〕21 号）
	2005	文化部关于申报第一批国家级非物质文化遗产代表作的通知（文社图发〔2005〕17 号）
	2005	文化部办公厅关于成立国家非物质文化遗产名录评审委员会的通知（办社图函〔2005〕363 号）
	2006	文化部等九部委关于组织开展我国第一个"文化遗产日"活动的通知（2006）
	2006	文化部办公厅关于成立国家非物质文化遗产保护工作专家委员会的通知（办社图函〔2006〕355 号）
	2006	国家级非物质文化遗产保护与管理暂行办法（中华人民共和国文化部令第39 号）
	2007	文化部关于申报第二批国家级非物质文化遗产名录项目有关事项的通知（文社图发〔2007〕4 号）
	2007	文化部关于2007 年"文化遗产日"期间组织开展非物质文化遗产系列活动的通知（文社图发〔2007〕9 号）
	2007	文化部办公厅关于印发中国非物质文化遗产标识管理办法的通知（办社图发〔2007〕14 号）
	2007	商务部文化部关于加强老字号非物质文化遗产保护工作的通知（商改发〔2007〕45 号）
	2007	文化部关于公布第一批国家级非物质文化遗产项目代表性传承人的通知（文社图发〔2007〕21 号）
	2007	文化部关于颁发"文化遗产日奖"的决定（文社图发〔2007〕23 号）
	2007	文化部办公厅关于申报"人类非物质文化遗产代表作"预备名单项目的通知（办社图函〔2007〕369 号）

级别	年份	法规文件
部级	2007	文化部办公厅关于建立第二批国家级非物质文化遗产名录评审委员会的通知（办社图函〔2007〕460号）
	2007	文化部办公厅关于建立第二批国家级非物质文化遗产项目代表性传承人评审委员会的通知（办社图函〔2007〕468号）
	2008	文化部关于公布第二批国家级非物质文化遗产项目代表性传承人的通知（文社图发〔2008〕1号）
	2008	国家级非物质文化遗产项目代表性传承人认定与管理暂行办法（中华人民共和国文化部令第45号）
	2008	文化部办公厅关于推荐第三批国家级非物质文化遗产项目代表性传承人的通知（办社图函〔2008〕367号）
	2009	文化部关于公布第三批国家级非物质文化遗产项目代表性传承人的通知（文非物质文化遗产发〔2009〕6号）
	2009	文化部关于申报第三批国家级非物质文化遗产名录项目有关事项的通知（文非物质文化遗产发〔2009〕24号）
	2010	文化部关于加强国家级文化生态保护区建设的指导意见（文非物质文化遗产发〔2010〕7号）
	2010	文化部办公厅关于开展国家级非物质文化遗产生产性保护示范基地建设的通知（办非物质文化遗产函〔2010〕499号）
	2011	文化部办公厅关于推荐第四批国家级非物质文化遗产项目代表性传承人的通知（2011）
	2011	文化部关于公布第一批国家级非物质文化遗产生产性保护示范基地名单的通知（文非物质文化遗产发〔2011〕48号）
	2012	文化部关于加强非物质文化遗产生产性保护的指导意见（文非物质文化遗产发〔2012〕4号）
	2012	国家非物质文化遗产保护专项资金管理办法（财教〔2012〕45号）
	2012	文化部关于公布第四批国家级非物质文化遗产项目代表性传承人的通知（文非物质文化遗产发〔2012〕51号）
	2013	文化部关于推荐申报第四批国家级非物质文化遗产代表性项目有关事项的通知（文非物质文化遗产函〔2013〕1414号）
	2014	文化部关于公布第二批国家级非物质文化遗产生产性保护示范基地名单的通知（文非物质文化遗产发〔2014〕20号）
	2015	文化部办公厅关于开展第五批国家级非物质文化遗产代表性项目代表性传承人申报工作的通知（2015）

级别	年份	法规文件
部级	2017	文化部关于印发《中国非物质文化遗产传承人群研修研习培训计划（2017）》的通知（文非物质文化遗产发〔2017〕2号）
	2017	文化部办公厅关于公布2017年度参与中国非物质文化遗产传承人群研培计划高校名单的通知（办非物质文化遗产发〔2017〕4号）
	2018	文化和旅游部办公厅关于公布2018年度中国非物质文化遗产传承人群研培计划参与院校名单的通知（办非物质文化遗产函〔2018〕39号）
	2018	文化和旅游部关于公布第五批国家级非物质文化遗产代表性项目代表性传承人的通知（文旅非物质文化遗产发〔2018〕8号）
	2018	文化和旅游部工业和信息化部关于发布第一批国家传统工艺振兴目录的通知（文旅非物质文化遗产发〔2018〕12号）
	2018	文化和旅游部办公厅关于大力振兴贫困地区传统工艺助力精准扶贫的通知（办非物质文化遗产发〔2018〕40号）
	2018	文化和旅游部办公厅国务院扶贫办综合司关于支持设立非物质文化遗产扶贫就业工坊的通知（办非物质文化遗产发〔2018〕46号）
	2018	国家级文化生态保护区管理办法（中华人民共和国文化和旅游部令第1号）
	2019	文化和旅游部办公厅关于贯彻落实《国家级文化生态保护区管理办法》的通知（办非物质文化遗产发〔2019〕47号）
	2019	文化和旅游部关于推荐申报第五批国家级非物质文化遗产代表性项目的通知（文旅非物质文化遗产发〔2019〕81号）
	2019	文化和旅游部关于印发《曲艺传承发展计划》的通知（文旅非物质文化遗产发〔2019〕92号）
	2019	文化和旅游部办公厅关于公布国家级非物质文化遗产代表性项目保护单位名单的通知（办非物质文化遗产发〔2019〕150号）
	2019	国家级非物质文化遗产代表性传承人认定与管理办法（中华人民共和国文化和旅游部令第3号）
	2019	文化和旅游部关于公布国家级文化生态保护区名单的通知（文旅非物质文化遗产发〔2019〕147号）
	2019	文化和旅游部办公厅国务院扶贫办综合司关于推进非物质文化遗产扶贫就业工坊建设的通知（办非物质文化遗产发〔2019〕166号）
	2020	文化和旅游部关于推动数字文化产业高质量发展的意见（文旅产业发〔2020〕78号）

十余年来，我国的非物质文化遗产保护工作取得了丰硕的成果。截至2020年12月，我国列入联合国教科文组织非物质文化遗产名录（名册）项目共计42项（表1-3）。其中人类非物质文化遗产代表作34项（含昆曲、古琴艺术、新疆维吾尔族

木卡姆艺术和蒙古族长调民歌)(表1-4);急需保护的非物质文化遗产名录7项(表1-5);优秀实践名册1项,总数位居世界第一。42个项目的入选,体现了中国日益提高的履约能力和非物质文化遗产保护水平,对于增强遗产实践社区、群体和个人的认同感和自豪感,激发传承保护的自觉性和积极性,在国际层面宣传和弘扬博大精深的中华文化、中国精神和中国智慧,都具有重要意义。

表1-3　中国列入联合国教科文组织非物质文化遗产项目

年份	项目
2008	昆曲、古琴艺术、新疆维吾尔族木卡姆艺术、蒙古族长调民歌
2009	中国篆刻、中国版雕印刷技艺、中国书法、中国剪纸、中国传统木结构建筑营造技艺、南京云锦织造技艺、端午节、中国朝鲜族农乐舞、妈祖信俗、蒙古族呼麦歌唱艺术、南音、热贡艺术、中国传统桑蚕丝织技艺、龙泉青瓷传统烧制技艺、宣纸传统制作技艺、西安鼓乐、粤剧、花儿、玛纳斯、格萨尔、侗族大歌、藏戏、羌年、黎族传统纺染织绣技艺、中国木拱桥传统营造技艺
2010	中医针灸、京剧、麦西热甫、中国水密隔舱福船制造技艺、中国活字印刷术
2011	中国皮影戏、赫哲族伊玛堪
2012	福建木偶戏后继人才培养计划
2013	中国珠算
2016	二十四节气
2018	藏医药浴法
2020	太极拳、送王船——有关人与海洋可持续联系的仪式及相关实践

表1-4　人类非物质文化遗产代表作名录项目

序号	项目	序号	项目
1	古琴艺术	11	端午节
2	昆曲	12	中国朝鲜族农乐舞
3	蒙古族长调民歌	13	格萨(斯)尔
4	中国篆刻	14	侗族大歌
5	新疆维吾尔族木卡姆艺术	15	花儿
6	中国雕版印刷技艺	16	玛纳斯
7	中国书法	17	妈祖信俗
8	中国剪纸	18	蒙古族呼麦歌唱艺术
9	中国传统木结构建筑营造技艺	19	南音
10	南京云锦织造技艺	20	热贡艺术

序号	项目	序号	项目
21	中国传统桑蚕丝织技艺	28	京剧
22	藏戏	29	中国皮影戏
23	龙泉青瓷传统烧制技艺	30	中国珠算——运用算盘进行数学计算的知识与实践
24	宣纸传统制作技艺	31	二十四节气——中国人通过观察太阳周年运动而形成的时间知识体系及其实践
25	西安鼓乐	32	藏医药浴法——中国藏族有关生命健康和疾病防治的知识与实践
26	粤剧	33	太极拳
27	中医针灸	34	送王船——有关人与海洋可持续联系的仪式及相关实践

表1-5 急需保护的非物质文化遗产名录

序号	项目	序号	项目
1	羌年	5	中国活字印刷术
2	黎族传统纺染织绣技艺	6	中国水密隔舱福船制造技艺
3	中国木拱桥传统营造技艺	7	赫哲族伊玛堪
4	新疆维吾尔族麦西热普		

第二节　纺织类非物质文化遗产

　　中国历史悠久、幅员辽阔、民族众多，五千年的中华文明给人类留存了丰富璀璨的非物质文化遗产。这些种类繁多、内容丰富的非物质文化遗产既承载着中华民族深厚的历史、文化及社会信息，体现着中华民族的价值观念、道德准则，又蕴含着中华民族的文化生命力，奠定了中华民族深厚的文化底蕴。

　　中国，是世界上最早生产纺织品的国家之一。据考古资料研究，原始社会早期，先民已经开始采集野生的葛、麻、蚕丝等材料，利用猎获的鸟兽毛羽，通过搓、绩、编、织制作粗陋的衣物，取代蔽体的草叶与兽皮；原始社会后期，随着农牧业的发展，更是逐步学会了种麻索缕、养羊取毛和育蚕抽丝等人工生产纺织原料的方法。伴随着人类文明的进步与发展，中国纺织的发展历程全面开启。春秋战国的西施浣纱、西汉张骞出使西域开辟古丝绸之路、宋末元初的黄道婆革新棉纺织技术等纺织历史发展进程，无一不凝结着民族的智慧、承载着文化的印记而流传至今。

纺织类非物质文化遗产中既有复杂的工艺流程、独具特色的语言文字、异彩纷呈的艺术图案，又有历史悠久的风俗习惯等，"色彩瑰丽、灿若云霞"的南京云锦，"精、细、雅、洁"的苏绣，"轻如蝉翼、薄如宣纸、软如罗绢、平如水镜"的夏布……一丝一缕、一针一线、一经一纬中蕴含着五彩斑斓的中华优秀传统文化。中国纺织类非物质文化遗产体现了中华民族的悠久历史和灿烂文明，是世界文化遗产的重要组成部分。传承和保护好纺织类非物质文化遗产，意味着传承和保护历史，具有极其重要的价值。

一、纺织类非物质文化遗产的界定

关于"非物质文化遗产"的概念，联合国教科文组织在《保护非物质文化遗产公约》中给出了明确的定义。我国国家级非物质文化遗产名录也将其分为 10 大门类。

但是对于纺织类非物质文化遗产的定义，目前国际上还没有统一概念。在我国，中国纺织工业联合会对纺织类非物质文化遗产的内涵进行了界定，即纺织类非物质文化遗产包括纺、织、印、染、绣和民族服装服饰。这是按具体项目所涉及行业对非物质文化遗产项目进行的一种分类，即纺织行业的非物质文化遗产。

二、纺织类非物质文化遗产的特征

纺织类非物质文化遗产以中华民族世代相传的手工技艺为主，是凝结着民族智慧的历史和文化载体，是传统文化的重要组成部分，承载着纺织行业、纺织人最广泛的、最深切的情感与生活。新时代，在传承本土文化、构筑社会和谐、推动经济发展等方面，纺织非物质文化遗产展现出了独特价值和无穷魅力，并呈现出新的时代特征。

1. 品种丰富、特色鲜明

纺织类非物质文化遗产是中国传统手工技艺中涉及门类最多、覆盖面最广、品种最丰富的一类，具有鲜明的地方和民族特色。在我国已公布的国家级非物质文化遗产项目中，仅绣艺一项就达多达 50 多种，刺绣是中国古老的手工技艺之一，中国的手工刺绣工艺已经有 2000 多年历史了。明清时期，封建王朝的宫廷绣发展迅速，与此同时，民间刺绣也得到进一步发展，先后产了苏绣、粤绣、陇绣、湘绣、蜀绣，号称"五大名绣"。此外还有各具特色的顾绣、京绣、瓯绣、鲁绣、闽绣、汴绣、汉绣、麻绣和苗绣等各地方绣种和少数民族刺绣。绣品按针法分可分为乱针绣与平绣两类，按观感分可分为单面绣与双面绣。每幅绣品所运用的针法、构图和表达的含义皆有各自的鲜明特色，《事事如意（柿柿如意）》《傲雪寒梅》《骏马奔腾》等绣品栩栩如生，让人应接不暇。

2. 促进就业、精准扶贫

纺织类非物质文化遗产遍布各民族、各地区，生产形式灵活多样，对于促进就业、实现精准扶贫，提高城乡居民收入，加快城镇化发展，建设具有传统文化内涵的美丽乡村和特色小镇，发挥着重要作用。四川省叙永县枧槽苗族乡以丰富的扎染、蜡染、苗绣等非遗资源为突破口，将发展特色民族文化产业与精准扶贫结合，通过县级专合社平台，对留守在家的贫困群众开展技术培训，采取"合作社＋村资公司（工坊）＋农户"的方式，带动苗乡100余户、400多人贫困群众，实现人均增收500元以上，从而精准确保贫困群众脱贫增收。四川省泸州市叙永县枧槽苗族乡群英村，这个地处川南深山中的贫困村，留守的苗族妇女在精准脱贫中，加入叙永县扎染、蜡染、苗绣专合社，重拾民族手工技艺，融汇现代审美元素，一件件精美的作品，不仅将扎染、蜡染和苗绣等非物质文化遗产传承起来，也勾画出苗乡脱贫梦。

3. 手工制作、彰显个性

纺织传统工艺的核心是创造性和个性化的手工制作，随着经济社会发展水平的提高，追求个性化的产品正在成为现代社会普遍的生活方式和消费方式。以刺绣为例，手工刺绣的主要艺术特点是图案工整娟秀、色彩清新高雅、针法丰富、雅艳相宜、绣工精巧、细腻绝伦。在机械化作业普遍存在的今天，花几个月甚至一两年去完成一件手工刺绣是需要恒心和耐心的，好的作品动辄几个月或半年完成一件，一件大的作品所花人工就要几百工时和上千工时。振兴纺织传统工艺也正在从以满足人们基本生活需要为目的，转变为以提高生活品质、满足个性化高品质消费为目的。

4. 亲和百姓、融合生活

纺织类非物质文化遗产与大众生活具有天然的融合性。早在公元前5000年，世界文明发源地就有了纺织品生产，例如，非洲尼罗河流域的亚麻纺织，我国黄河、长江流域的葛纺织和丝绸纺织等。我国的纺织行业具有悠久的历史，早在黄帝时代，人们就学会了饲养蚕，将它结成的蚕茧抽出细丝织成帛，于是人们有了衣服遮羞御寒，揭开了人类文明史上崭新的一页。纺织传统工艺主要通过家用纺织品、服装服饰来呈现，与人们的衣食住行等日常生活密切相关。纺织类非物质文化遗产能够很好地体现"见人见物见生活""让非物质文化遗产走进现代生活"的理念，具有走进生活、融入生活的天然优势。

5. 绿色环保、延展性强

纺织传统工艺大多使用天然原材料、植物染色，制作过程绿色环保。枫香印染是一种独特的民间手工技艺，其工艺流程是先在老枫香树脂中加入适量牛油，用文火煎熬后过滤形成枫香油，然后用毛笔蘸上即时溶化的枫香油，在自织的白布上描绘图案，再用蓝靛浸染，沸水脱去油脂，清水漂洗，晒干，碾平。麻江县瑶族枫香印染中，技艺和用料自成一体，极为讲究，所用材料均取自天然枫香树油和牛油，用配制成的油料在布上绘图点花，渗透力强，风干后质地柔软，图案清晰，色彩对比强烈。

同时，纺织类非物质文化遗产具有很强的延展性和衍生性，在保持非物质文化遗产完整性、本真性的基础上，适合开发满足市场不同层次需求的丰富产品和相关文化创意、文化旅游类衍生产品，涉及服装、配饰、箱包、围巾、方巾、文具等多个方面。

6. 国粹精品、增进外交

刺绣、丝绸、蜡染等纺织类非物质文化遗产具有优秀的传统文化内涵，体现传统工艺的精湛与匠心，向世界充分展示中国国粹的独特价值与无穷魅力，适合作为国礼用于国际文化交流或以具体产品为载体加强国际商贸往来与合作。南通沈绣研究所曾经制作沈绣《奥巴马总统全家福》，作为国礼赠送美国总统奥巴马，礼品得到了双方领导人好评。中国刺绣作为"中国名片"正在为共建"一带一路"文化繁荣、推进大国外交做出越来越突出的贡献。

第三节　纺织类非物质文化遗产的赋存情况

一、纺织类非物质文化遗产项目概况

根据非物质文化遗产普查结果统计，我国共有非物质文化遗产资源 87 万余项。截至 2020 年底，我国已经公布的四批国家级非物质文化遗产代表性项目 1372 项，五批国家级非物质文化遗产代表性传承人 3062 名。根据行业分类统计，其中纺织类国家级非物质文化遗产项目 197 项，纺织类国家级非物质文化遗产代表性传承人 182 名，项目主要分布于国家级非物质文化遗产名录中的传统美术、传统技艺及民俗 3 大类，共覆盖 31 个省、市、自治区。2020 年 12 月 22 日~2021 年 1 月 19 日，我国文化和旅游部对第五批国家级非物质文化遗产代表性项目名录推荐项目名单进行了公示，第五批国家级非物质文化遗产代表性项目 337 项，其中，新列入 198 项，扩展139 项。在第五批国家级非物质文化遗产代表性项目中，纺织类国家级非物质文化遗产项目总计 43 项，项目分布于传统美术、传统技艺及民俗 3 大类。

第一~第四批纺织类国家级非物质文化遗产分布按类别统计，其中传统美术类共计 63 项，约占比 32%；传统技艺类共计 86 项，约占比 44%；民俗类共计 48 项，约占比 24%（图 1-3）。传统技艺类项目数量最多，主要包括织造、印染、服装服饰等相关项目，类型多，范围广。其次是传统美术类，主要以刺绣一类为主，还包括一些其他类型。最后是民俗类，主要包括服装服饰类型。

第五批国家级非物质文化遗产代表性项目名录推荐项目名单中，新增 43 项纺织类非物质文化遗产项目，其中传统美术类 23 项，占比 53%；传统技艺类 17 项，占比 40%，民俗类 3 项，占比 7%。

截至目前，五批国家级非物质文化遗产项目中，纺织类非物质文化遗产项目共计 240 项，第一批 76 项，第二批 96 项，第三批 13 项，第四批 12 项，第五批 43 项（图 1-4）。

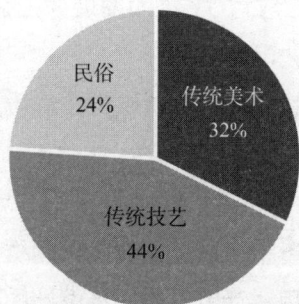

图 1-3　第一～第四批纺织类国家级非物质文化遗产分类情况

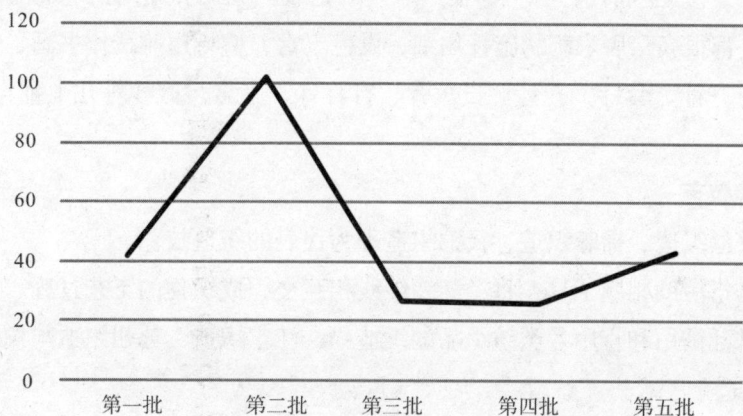

图 1-4　五批国家级纺织类非物质文化遗产项目数量

2007 年 6 月 5 日，文化部公布了第一批国家级非物质文化遗产项目代表性传承人名单，其中纺织类总共 26 位传承人，女性 15 位，男性 11 位；2008 年 2 月 15 日，文化部公布了第二批国家级非物质文化遗产项目代表性传承人名单，没有纺织类项目传承人；2009 年 5 月 26 日，文化部公布了第三批国家级非物质文化遗产项目代表性传承人名单，纺织类总计 30 位，其中女性 11 位，男性 19 位；2012 年 12 月 20 日，文化部公布了第四批国家级非物质文化遗产项目代表性传承人名单，其中纺织类总计 36 位，女性 26 位，男性 10 位；2018 年 5 月 8 日，文化和旅游部公布了第五批国家级非物质文化遗产代表性项目代表性传承人名单，其中纺织类总计 77 位，女性 59 位，男性 18 位。由数据可知，首先，目前纺织类非物质文化遗产传承人中，女性远多于男性，这主要是由于纺织业的历史起源，女性从业者远多于男性。其次，纺织类非物质文化遗产传承人年龄结构偏老龄化，年轻一代传承人不足。最后，纺织类非物质文化遗产传承人人数较少，每一类国家非物质文化遗产传承人只有1~3个，因此能够接受传承的人数有限，能够传播的范围也是有限的。

二、纺织类非物质文化遗产项目行业分类情况

纺织类非物质文化遗产在经过几千年的发展演变后，形成了品种丰富、工艺精湛、技艺与文化融合的典型工艺门类。

目前，根据所涉及的类别特点分析，纺织类非物质文化遗产的主体表现形式可以分为四大部分：

1. 刺绣技艺

即以苏绣、湘绣、蜀绣、粤绣，以及少数民族刺绣为代表的刺绣技艺。

刺绣，古代称为针绣，是用绣针引彩线，将设计的花纹在纺织品上刺绣运针，以绣迹构成花纹图案的一种工艺。刺绣是中国古老的手工技艺之一，中国的手工刺绣工艺，已经有2000多年历史了。据《尚书》载，远在4000多年前的章服制度，就规定"衣画而裳绣"。至周代，有"绣缋共职"的记载。湖北和湖南出土的战国、两汉的绣品，水平都很高。唐宋刺绣施针匀细，设色丰富，盛行用刺绣作书画、饰件等。刺绣的针法有齐针、套针、扎针、长短针、打籽针、平金、戳纱等几十种，丰富多彩，各有特色。

2. 织造技艺

即以蚕丝织造、棉麻织造、云锦织造等为代表的织造技艺。

织造是指借助相应工具，将经、纬纱线相互交织成织物的工艺过程。中国古代就设有专办宫廷御用和官用各类纺织品的织造局，江宁织造、苏州织造与杭州织造并称"江南三织造"。

3. 印染技艺

即以蓝印花布、少数民族蜡染、扎染等为代表的印染技艺。

早在六七千年前的新石器时代，我们的祖先就能够用赤铁矿粉末将麻布染成红色。居住在青海柴达木盆地诺木洪地区的原始部落，能把毛线染成黄、红、褐、蓝等色，织出带有色彩条纹的毛布。商周时期，染色技术不断提高，宫廷手工作坊中设有专职的官吏"染人"来"掌染草"，管理染色生产，染出的颜色也不断增加。到汉代，染色技术达到了相当高的水平。我国古代染色用的染料，以天然矿物或植物染料为主，古代原色青、赤、黄、白、黑，称为"五色"，将原色混合可以得到"间色（多次色）"。许多的印染非物质文化遗产均采用天然材料，绿色环保，如白族扎染技艺，云南省大理市地方传统纺织品染色技艺，国家级非物质文化遗产之一。扎染古称"绞缬"，是中国一种古老的纺织品染色技艺。扎染一般以棉白布或棉麻混纺白布为原料，染料主要是植物蓝靛（云南民间俗称板蓝根）。大理白族扎染工艺由手工针缝扎，用植物染料反复浸染而成，产品不仅色彩鲜艳、永不褪色，而且对皮肤有消炎

保健作用，克服了现代化学染料有害人体健康的副作用。

4. 服饰技艺

即以蒙古族、苗族等少数民族服饰以及内联升千层底布鞋制作技艺为代表的服饰技艺。

中国民族众多，民族服饰异彩纷呈，民族服饰是各民族本身文化中独有特色的服饰，民族服饰文化内涵丰富，包括制作原料、纺织工艺、印染工艺、刺绣工艺等。

从行业分布来看，纺织类非物质文化遗产主要涵盖刺绣、织造、印染、服装服饰等行业（表1-6，图1-5）。其中，部分纺织类非物质文化遗产项目有跨行业分类的现象，比如黎族传统纺染织绣技艺，同属隶属于刺绣、织造、印染三大行业类目。因此，在行业分类统计中总数会大于总项目数（240项）。

表1-6 国家级非物质文化遗产代表性项目（纺织类）行业分类数目

行业分类	项目数量/个	占比/%
刺绣	93	33.9
织造	67	24.5
印染	28	10.2
服装服饰	69	25.2
其他	17	6.2
总计	274	

其中，刺绣、织造、服装服饰类数量相差不大，占据了所有项目的80%以上，而印染类的项目数量则明显少于其他三个行业，分析其原因，这可能是因为受到印染原材料的限制，也可能是因为印染工序复杂，且具有一定的相似性，导致项目数量较少。

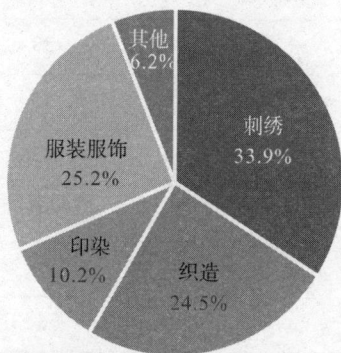

图1-5 纺织类国家级非物质文化遗产行业分布情况

三、纺织类非物质文化遗产项目区域分布情况

我国已经公布的五批国家级纺织类非物质文化遗产总计240项，涵盖10大门类，但其区域分布并不均衡，具体情况见表1-7和图1-6。

表 1-7 国家级及省级纺织类非物质文化遗产代表性项目分布情况

地区	国家级项目数量	省级项目数量	项目总数
北京市	9	15	24
天津市	2	9	11
河北省	6	19	25
山西省	7	21	28
内蒙古自治区	10	60	70
辽宁省	2	9	11
吉林省	3	11	14
黑龙江省	5	19	24
上海市	6	23	29
江苏省	16	29	45
安徽省	1	6	7
福建省	3	10	13
浙江省	16	31	47
江西省	3	10	13
山东省	4	30	34
河南省	1	14	15
湖北省	5	18	23
湖南省	10	19	29
广东省	7	13	20
海南省	8	30	38
广西壮族自治区	4	45	49
四川省	14	33	47
重庆市	4	10	14
陕西省	2	16	18
宁夏回族自治区	4	5	9
贵州省	30	116	146
云南省	7	42	49
西藏自治区	13	19	32
甘肃省	5	15	20

纺织类非物质文化遗产保护与开发概论

地区	国家级项目数量	省级项目数量	项目总数
青海省	11	14	25
新疆维吾尔自治区	21	39	60
香港特别行政区	1		1
总计	240	750	990

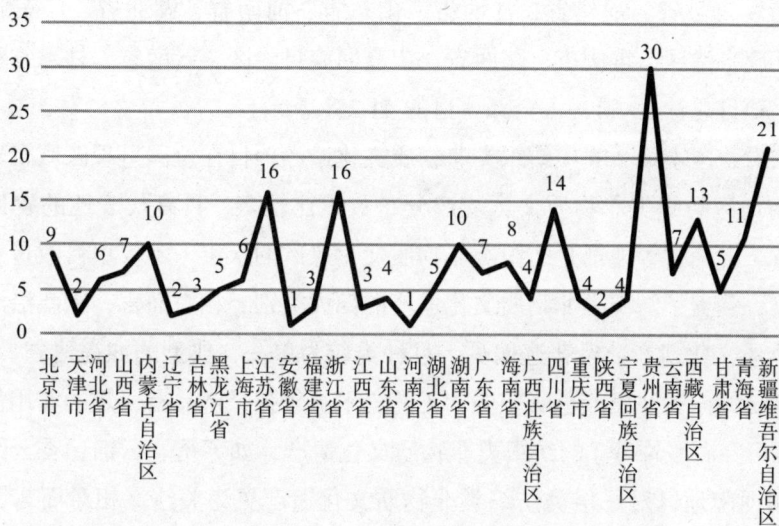

图 1-6　国家级纺织类非物质文化遗产区域分布情况

我国纺织类非物质文化遗产分布并不均衡（表 1-7）。从数量上看，贵州省纺织类非物质文化遗产项目总数占据绝对优势，国家级纺织类非物质文化遗产有 30 项。究其原因，主要有以下几方面：第一，贵州省内聚居的少数民族多，根据 2010 年第六次人口普查系列分析报告，贵州省共分布有 54 个民族，世居少数民族有苗族、布依族、侗族、土家族、彝族、仡佬族、水族、回族、白族、瑶族、壮族、畲族、毛南族、满族、蒙古族、仫佬族、羌族等 17 个，各民族拥有独具特色的服装服饰，这是贵州省纺织类非物质文化遗产的来源之一；第二，以苗绣为代表的刺绣类非物质文化遗产，是贵州省纺织类非物质文化遗产的来源之二；第三，黔东南地区气候温暖湿润，适宜种植蓝靛、枫香树等植物，这提供了印染的天然原料，促进了印染技艺的发展，如国家级纺织类非物质文化遗产枫香印染技艺，这是贵州省纺织类非物质文化遗产的来源之三；第四，贵州省有关政府部门的重视，2019 年，贵州省公布了第五批非物质文化遗产名录，是当年全国首个公布非物质文化遗产名录的省份，也是公布批次较多的省份。

根据全国各地区国家级纺织类非物质文化遗产项目数量，可以将其划分为三个梯队。

第一梯队为国家级纺织类非物质文化遗产代表性项目数量在20以上的，共两个地区，分别是贵州省和新疆维吾尔自治区，项目总计51项，占全部项目的21.25%。

第二梯队为国家级纺织类非物质文化遗产代表性项目数量在10~20的，共七个地区，分别是内蒙古自治区、江苏省、浙江省、湖南省、四川省、西藏自治区和青海省，项目总计90项，占全部项目的37.5%。

第三梯队为国家级纺织类非物质文化遗产代表性项目数量在10以下的，总共二十三个地区，分别是北京市、天津市、河北省、山西省、辽宁省、吉林省、黑龙江省、上海市、安徽省、福建省、江西省、山东省、河南省、湖北省、广东省、海南省、广西壮族自治区、重庆市、陕西省、宁夏回族自治区、云南省、甘肃省和香港特别行政区，项目总计99项，占全部项目的41.25%。

总体来看，国家级240项纺织类非物质文化遗产项目在全国呈现区域凝聚的分布特征。西南地区纺织类非物质文化遗产分布数量比较多，具有代表性的省份如贵州省、四川省、云南省等地都是纺织类非物质文化遗产的沃土，不仅项目数量众多，而且种类丰富，涵盖了纺织类非物质文化遗产的四大类别；相对而言，东南沿海地区的纺织类非物质文化遗产数量普遍偏少，且种类较为单一，典型的如福建省。江、浙、沪、京地区更倾向关注民族色彩较弱，工艺美术感较强，产品有一定的实用性、普适性（如日常可穿着服饰等）的纺织类非物质文化遗产，如苏绣、云锦、香云纱、缂丝等。云贵川西南地区对民俗类纺织类非物质文化遗产更为关注。相对而言，东南沿海地区的纺织类非物质文化遗产数量普遍偏少，且种类较为单一，典型的如海南省。江、浙、沪、京地区更倾向关注民族色彩较弱、工艺美术感较强、产品有一定的实用性及普适性（如日常可穿着服饰等）的纺织类非物质文化遗产，如苏绣、云锦、香云纱、缂丝等。

纺织类非物质文化遗产作为传统纺织技艺在今天的延续，在新的时代背景下具有全新的发展特征。

知识窗

文化和自然遗产日

文化和自然遗产日源自文化遗产日，是每年6月的第二个星期六，为中国文化建设重要主题之一，体现了党和国家对保护文化遗产的高度重视和战略远见。目的是营造保护文化遗产的良好氛围，提高人民群众对文化遗产保护重要性的认识，动员全社会共同参与、关注和保护文化遗产，增强全社会的文化遗产保护意识。

文化遗产日，从2006年起设立。2016年9月，国务院批复住房和城乡建设部，同意自2017年起，将每年6月第二个星期六的"文化遗产日"，调整设立为"文化和自然遗产日"。从2009年国家文物局创设主场城市活动机制以来，每年的文化遗产日国家文物局都选取一座城市举办文化遗产日主场城市活动。

中国非物质文化遗产标识形式及其含义

中国非物质文化遗产主标识形式上方采用简体中文"中国非物质文化遗产";下方采用汉语拼音"ZHONGGUO FEIWUZHI WENHUA YICHAN",各民族自治地区可使用当地少数民族文字,在对外交往工作中可使用英文"CHINA INTANGIBLE CULTURAL HERITAGE"或其他文字。

中国非物质文化遗产标识外部图形为圆形,象征着循环,永不消失。内部图形为方形,与外圆对应,天圆地方,表明非物质文化遗产存在空间有极大的广阔性;图形中心造型为鱼纹,这是古陶最早出现的纹样之一,鱼纹隐含一个"文"字。"文"指非物质文化遗产,而鱼生于水,寓意中国非物质文化遗产源远流长,世代相传;图形中心,抽象的双手上下共护于"文"字,意取团结、和谐、细心呵护和保护非物质文化遗产,守护精神家园的寓意;标识图形传达出古朴和质拙感,一方面反映了非物质文化遗产的生存现状,另一方面彰显了中国政府和人民保护祖国非物质文化遗产的强烈责任心和使命感,表现出中华民族团结、奋进、向前的时代精神。主标识用于正式场合,如徽章、机构形象展示等。

中国非物质文化遗产标识标准颜色为红色(C25M100Y100K25)和白色,可根据不同需要使用其他颜色。

思考题

1. 简述纺织类非物质文化遗产的定义。
2. 简述纺织类非物质文化遗产的分类情况。
3. 简述我国纺织类非物质文化遗产的赋存情况。

实践题

以某一项纺织类非物质文化遗产为例进行调研,总结纺织类非物质文化遗产的主要特征。

第二章

纺织类非物质文化遗产的价值

本章主要内容

本章主要分析了非物质文化遗产的价值，通过对纺织类非物质文化遗产的特点分析，指出纺织类非物质文化遗产的价值由两部分组成：基础性价值和遗产性价值，在这两部分价值的基础上又形成了衍生价值。

第一节　价值概述

价值论认为，价值既有客观性，又有主观性。价值及其结构研究既关系到纺织类非物质文化遗产理论研究的深度、宽度和广度，又对指导纺织类非物质文化遗产保护工作实践及其目标实现具有重要意义。

一、价值的内涵

"价值"一词是人们经常使用的基本概念之一。概括来说，目前有关价值内涵的界定大体包括以下几种理论：实体论、劳动论、需要论、关系论、意义论，见表 2-1。

表 2-1　有关价值内涵的界定

理论界定	概念
实体论	将价值等同于某种或某类价值物本身，比如土地、金银等，这种对于价值的认知属于朴素直观的方式，具有较大的局限性
劳动论	是指劳动价值，马克思提出的价值由社会必要劳动时间决定。社会必要劳动时间有两种含义：第一种含义是指平均劳动时间，它决定商品的价值量；第二种含义是指社会总劳动分配上所必需的劳动时间，它实现商品的价值量
属性论	将价值视为事物的"有用性"，是事物本身所具有的某种固有属性。这种解释有一定的机械性，难以解释不同的主体对于同一个客体的价值认知可能会存在差异，以及价值也可能会随着环境或者时间的推移而出现差异等情况
关系论	即客体及其发展能够满足主体的需要，主体与客体之间便形成了一种特定关系，从而将价值的高低与主体需要联系在一起，这种解释强调客体能否满足主体需要这一单向的关系，没有认识到主体对客体的效用及影响，忽视了价值关系的双向性和互动性
意义论	即客体对主体的作用，这种作用既可以是积极的也可以是消极的。这种解释一方面肯定了客体价值是客观存在的，另一方面又肯定了作为主体的人在认识、评价价值时的主观能动作用，以及主体对于客体价值产生的影响

从表 2-1 的对比可以看出，意义论能够注意到价值主客体之间的相互作用，较之于实体论、劳动论、属性论、关系论而言更为完善。当今主流的观点是从主客体能动关系的角度去诠释价值问题，认为"客体的存在及其属性对主体需要的某种有用性及其他们之间的特定关系"，即客体对于主体所体现的效用、积极意义。

"价值"还是一个多视角的问题。在不同的领域，价值有不同的衡量方式，如图 2-1 所示。

图 2-1 价值在不同领域的不同衡量方式

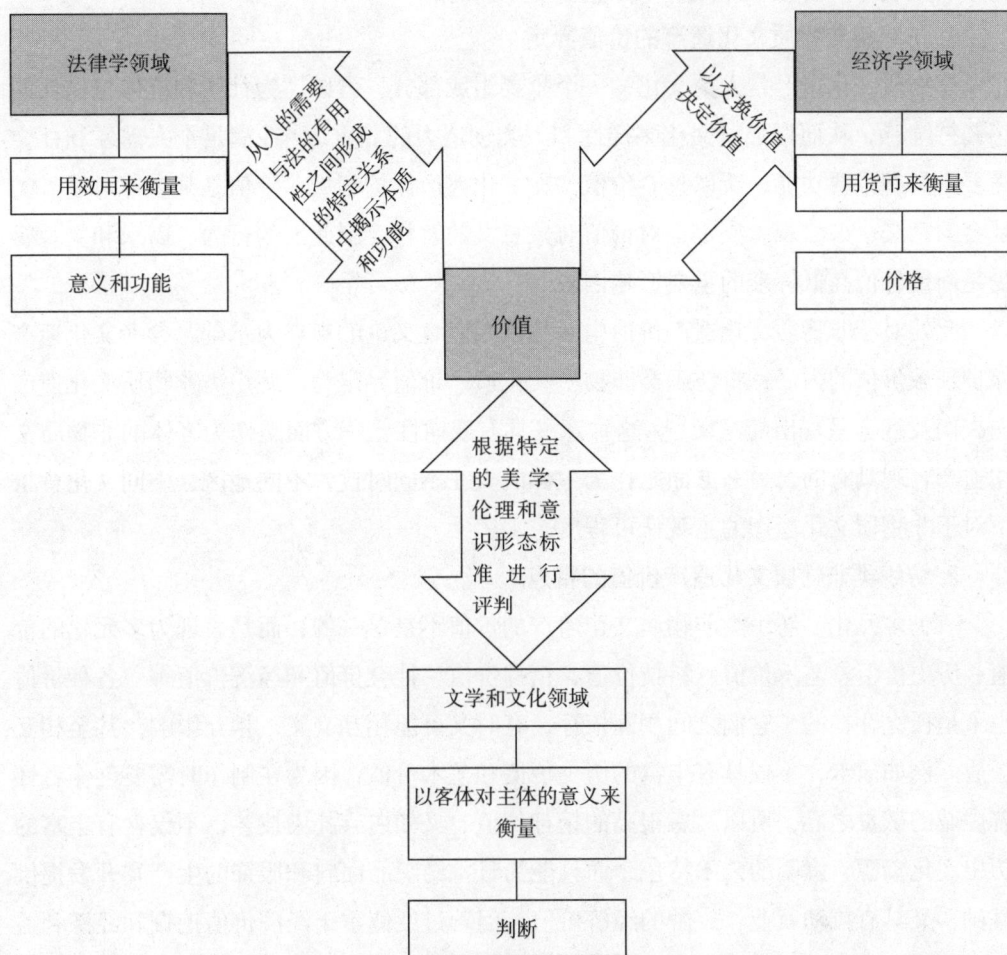

在经济学领域，价值理论是经济学的基石，商品价值的高低由商品能交换其他商品的数量来决定，根本任务是解决价值的决定与衡量问题。价值通常由货币来衡量，并确定成为价格。这种观点中的价值表现是交换价值。

在法律学领域，价值是指在人与法的关系中，法所包含的满足人的需要的内在属性，也即从人的需要与法的有用性之间形成的特定价值关系中揭示法的本质和功能，通常由效用评估衡量。这种观点价值体现在法律对人所产生的积极意义和效用。

在文学和文化领域，价值被认为是各种"文本"固有的性质，强调"世界对于人的意义，客体对于主体的意义"，人们根据特定的美学、伦理和意识形态的标准，对文本在"传统"或"经典"中的地位进行评判。因此，"价值就成为接受的主体与在复杂社会关系中的客体相互建构的结果。"在这种意义上，由于社会、历史、文化传统、政治制度、经济体制、伦理观念、习俗等方面的差异，各种价值和价值观的存在都有其理由，不存在普遍适用和不变的价值。这种观点价值是以人的内在尺度或主体的尺度为根据的，体现了人的实践活动的方向性和目的性。

二、纺织类非物质文化遗产价值界定及特点

1. 纺织类非物质文化遗产的价值界定

非物质文化遗产是人类文化的一个重要组成部分，可以"为社区和群体提供认同感和持续感，从而增强对文化多样性和人类创造力的尊重"，在满足个人需要和社会需要中具有重要功能，所以具有价值。在文化遗产保护领域，价值是某客体对于人类社会的意义，人的观念决定了对价值对象意义的解释，因此人的行为、需求和主观感受是衡量价值高低标准的重要影响因素。

此处对于非物质文化遗产价值内涵的认知以意义论的观点为基础，参考文化遗产保护领域价值的内涵，将纺织类非物质文化遗产价值界定为"纺织类非物质文化遗产向人们及社会呈现出的意义"，这种意义具有双向性，一方面是作为客体的非物质文化遗产客观具有的，另一方面是作为主体的人在不同时代、不同地区、不同文化背景下对于非物质文化遗产的主观认可程度。

2. 纺织类非物质文化遗产价值的特点

（1）多元化。纺织类非物质文化遗产的价值不是单一的，而是表现为多元化的价值：历史价值、艺术价值、科技价值、精神价值、社会价值和经济价值等。各种价值也不是孤立存在的，它们之间相互依存，有时又可能相互交叉、相互影响，甚至相互矛盾。例如唐卡，不仅具有丰富的历史价值和艺术价值，因为在制作时需要创作者怀着虔诚的敬畏之心，所以又有很高的精神价值；又如白族扎染技艺，不仅含有丰富的历史文化资源、鲜明的艺术特色，而且能为日常纺织品面料和服饰的生产和开发提供基础，又具有拉动就业、旅游的经济价值，但若过度侧重于经济价值挖掘和经济利益驱动，又会令其艺术价值大打折扣。

（2）体系性。纺织类非物质文化遗产的历史价值、艺术价值、科技价值、精神价值、社会价值和经济价值等，并不是逐一呈现出来，而是一个内容丰富的综合体，它们共同构成纺织类非物质文化遗产作为遗产的价值。在每一个价值方面，比如艺术价值，又可以体现在款式、图案、色彩等若干方面；历史价值，又可以包含宗教信仰、风俗传说等若干内容。

（3）动态性。纺织类非物质文化遗产根植于特定的时空关系，其价值形成和实现的基础是实践，实践来源于人们的生产、生活，有历史性的变化和发展过程，在代代传承过程中，尤其是以口头或动作为表达形式的非物质文化遗产，其历史原貌常会因为传承者个人认识理解、表现手法的不同以及再创作的成分而有所变化，非物质文化遗产的生存土壤既来源于群体生活的自然环境与社会环境，又绝非一成不变，因此非物质文化遗产的价值关系在实践的推动下不断发展变化。纺织类非物质文化遗产见证着历史和文化变迁，是历史文化的活态体现，无论过去还是现在，非物质文化遗产的动态发展变化一直在进行并将继续延续下去，其价值内涵和外延也将随之改变。随着环境因素的变化，人的认识和实践的不断发展，人的需要变化和提高，非物质文化遗

产的属性和效用也会不断地被揭示出来。因此，纺织类非物质文化遗产价值的认定与评价也会随着时间的推移、环境的变化以及人们认识的深入不断发生演变。

第二节　纺织类非物质文化遗产价值构成依据

一、联合国教科文组织有关表述

1. 世界遗产委员会《世界遗产名录》标准

联合国教科文组织世界遗产委员会颁布的《实施世界遗产公约的操作指南》（以下简称《世界遗产公约》）提出了列入《世界遗产名录》的遗产项目的五项标准❶。由此可以看出，虽然《世界遗产公约》主要针对的是文物、建筑群和遗址等物质文化遗产，但在以上鉴别标准中所提及的"独特的艺术成就""创造性的天才杰作""艺术影响""文明或文化传统的特殊见证""与有意义的事件、思想信仰或文学艺术有联系"等表述也反映了其所承载的"非物质性"文化价值，"不可逆转之变化的影响下变得易于损坏"则表述了现存状态以及濒危程度。

2. 联合国教科文组织"人类口头与非物质文化遗产代表作"的相关表述

联合国教科文组织对入选"人类口头与非物质文化遗产代表作"制定了相关标准，主要包括文化标准和组织标准。文化标准❷的特殊价值包括"历史、艺术、人种学、社会学、人类学、语言学及文学"，同时来源于"文化传统"和"文化历史"，具有"身份特性"和"社会影响""技术出色"，属于"唯一见证"。

3. 联合国教科文组织《保护非物质文化遗产公约》中的相关表述

（1）客观遴选标准。根据联合国教科文组织 2003 年 10 月《保护非物质文化遗产公约》（以下简称《公约》）条款可知，联合国教科文组织在制作"人类非物质文化遗产代表作名录"与"急需保护的非物质文化遗产名录"时所依据的客观遴选标准均是

---

❶《实施世界遗产公约的操作指南》五项标准：①代表一种独特的艺术成就，一种创造性的天才杰作；②能在一定时期内或世界某一文化区域内，对建筑艺术、纪念物艺术、城市规划或景观设计方面的发展产生过大影响；③能为一种已消逝的文明或文化传统提供一种独特的至少是特殊的见证；④可作为一种建筑或景观的杰出范例，展示出人类历史上一个（或几个）重要阶段；⑤可作为传统的人类居住地或使用地的杰出范例，代表一种（或几种）文化，尤其在不可逆转的变化的影响下变得易于损坏，与具有特殊普遍意义的事件或现行传统或思想或信仰或文学艺术作品有直接或实质的联系（只有在某些特殊情况下或该项标准与其他标准一起作用时，此款才能成为列入《世界遗产名录》的理由。）
❷ "人类口头与非物质文化遗产代表作"文化标准是指：被宣布为人类口头及非物质文化遗产代表作的文化场所或形式应具备的特殊价值，主要包括七个方面：①具有特殊价值的非物质文化遗产的集中体现；②在历史、艺术、人种学、社会学、人类学、语言学及文学方面有特殊价值的民间传统文化表达；③表明其深深扎根于文化传统或有关社区文化历史之中；④在该民族及文化群体中具有确认文化身份和特性等重要作用，而目前对有关社区仍有文化和社会影响；⑤在技术和质量上都非常出色；⑥对现代的传统具有唯一见证的价值；⑦由于缺乏抢救和保护手段，或加速的演变过程，或城市化趋势，或适应新环境文化的影响而面临消失的危险。

由委员会制定的，列入两个名录的项目具有同等的遗产价值，只是后者更为关注非物质文化遗产的濒危程度和保护的紧迫性和必要性。

（2）非物质文化遗产定义。《公约》中关于非物质文化遗产的定义❶，阐释了非物质文化遗产的独特功能：非物质文化遗产是相关群体文化认同的符号，是密切人与人之间关系以及他们之间交流和互相了解的重要渠道；非物质文化遗产蕴涵着人类的伟大创造力，保护非物质文化遗产是对人类创造力的尊重；非物质文化遗产是文化多样性的体现，保护非物质文化遗产促进保护文化多样性，促进各文化间的尊重及和谐共处；非物质文化遗产顺应人类文明的可持续发展。定义中，"社区、群体，个人"是非物质文化遗产价值认知的主体，"视为"是指作为主体对于非物质文化遗产的价值这一客体认同的问题，主体的观念、思想影响价值的评价；"各种社会实践、观念表述、表现形式、知识、技能以及相关的工具、实物、手工艺品和文化场所"是非物质文化遗产具有的技术要素，具有科学技术价值；"世代相传""适应周围环境""与自然和历史的互动""被不断地再创造"说明非物质文化遗产承载着历史信息，具有历史价值，且价值是动态的；"认同感和历史感"是指主体在保护和传承非物质文化遗产的过程中存在价值认同，同时也说明非物质文化遗产具有凝聚人心、和谐群体的精神价值。

（3）其他表述。《公约》还认为："非物质文化遗产是密切人与人之间关系以及他们之间进行交流和了解的要素，它的作用是不可估量的。"这也说明非物质文化遗产具有人们交流情感、增进了解的精神价值。在《公约》的第十三条第三条款的规定❷，说明非物质文化遗产具有艺术价值和科学技术价值，尤其是濒危的非物质文化遗产。《公约》认为："只考虑符合现有的国际人权文件，各社区、群体和个人之间相互尊重的需要和顺应可持续发展的非物质文化遗产""顺应可持续发展"，说明非物质文化遗产的保护应该符合绿色生态的理念。

4. 联合国教科文组织《保护非物质文化遗产的伦理原则》的规定

从联合国教科文组织于2015年11月通过的《保护非物质文化遗产的伦理原则》第六条原则❸的规定中看，外部对非物质文化遗产价值的判定往往会受经济价值和社会价值这样的派生价值影响；这里提及的非物质文化遗产价值的评价标准应该是客观的，出自项目本身所在的社会生态系统之内，这意味着应该在社会生态系统内部对非

---

❶《保护非物质文化遗产公约》中的定义：非物质文化遗产指被各社区、群体，有时是个人，视为其文化遗产组成部分的各种社会实践、观念表述、表现形式、知识、技能以及相关的工具、实物、手工艺品和文化场所。这种非物质文化遗产世代相传，在各社区和群体适应周围环境以及与自然和历史的互动中，被不断地再创造，为这些社区和群体提供认同感和持续感，从而增强对文化多样性和人类创造力的尊重。

❷《保护非物质文化遗产公约》第十三条第三条款规定：鼓励开展有效保护非物质文化遗产，特别是濒危非物质文化遗产的科学、技术和艺术研究以及方法研究。

❸《保护非物质文化遗产的伦理原则》第六条规定：各社区、群体或个人应评定其自身非物质文化遗产的价值，该非物质文化遗产不应受制于外部对其价值的判断。

物质文化遗产的原生价值进行科学、合理、客观的评价。第七条原则规定❶"应从保护该遗产所产生的精神和物质利益中获益",这说明主体会从保护非物质文化遗产中获取两种利益:物质利益和精神利益。而这两种利益来源于非物质文化遗产的派生价值和原生价值两个层次,它们分别具有主观性和客观性。

总体来看,联合国教科文组织在进行非物质文化遗产项目评估时,主要是从非物质文化遗产的价值、濒危状态、非物质文化遗产在社区的生命力、传承人等几个方面予以把握,对非物质文化遗产的评定侧重在历史价值、艺术价值、科学价值、文化多样性价值等方面。

二、国内有关表述

1.《中华人民共和国非物质文化遗产法》涉及价值的有关条款

从 2011 年 6 月施行的《中华人民共和国非物质文化遗产法》(以下简称《非物质文化遗产法》)第十八条❷的规定可以看出,中国以法律形式明确提出非物质文化遗产应具有"历史、文学、艺术、科学价值",但并未进一步明确表达这四种价值的内涵、依据和标准。《非物质文化遗产法》第四条规定了保护非物质文化遗产应当"有利于增强中华民族的文化认同,有利于维护国家统一和民族团结,有利于促进社会和谐和可持续发展"。说明非物质文化遗产具有增进认同感、亲近感、归属感,连通文化血脉的精神价值。

2.《国家级非物质文化遗产代表作申报评定暂行办法》

国务院 2005 年颁布的《国家级非物质文化遗产代表作申报评定暂行办法》(以下简称《暂行办法》)关于非物质文化遗产的概念界定❸,说明非物质文化遗产自身就是价值判断的产物;"各族人民世代相传"说明非物质文化遗产具有历史价值;"与群众生活密切相关""文化空间"说明非物质文化遗产存在的社会生态系统。

《暂行办法》第六条❹中体现的评审标准,相比于《非物质文化遗产法》,则显得

---

❶ 《保护非物质文化遗产的伦理原则》第七条规定:创造非物质文化遗产的社区、群体和个人应从保护该遗产所产生的精神和物质利益中获益,特别是社区成员或他人对其进行的使用、研究、文件编制、推介或改编。

❷ 《中华人民共和国非物质文化遗产法》第十八条:国务院建立国家级非物质文化遗产代表性项目名录,将体现中华民族优秀传统文化,具有重大历史、文学、艺术、科学价值的非物质文化遗产项目列入名录予以保护。省、自治区、直辖市人民政府建立地方非物质文化遗产代表性项目名录,将本行政区域内体现中华民族优秀传统文化,具有历史、文学、艺术、科学价值的非物质文化遗产项目列入名录予以保护。

❸ 《国家级非物质文化遗产代表作申报评定暂行办法》中的表述:非物质文化遗产指各族人民世代相传的、与群众生活密切相关的各种传统文化表现形式(如民俗活动、表演艺术、传统知识和技能以及与之相关的器具、实物、手工制品等)和文化空间。

❹ 《国家级非物质文化遗产代表作申报评定暂行办法》第六条:"国家级非物质文化遗产代表作的申报项目,应是具有杰出价值的民间传统文化表现形式或文化空间;或在非物质文化遗产中具有典型意义或在历史、艺术、民族学、民俗学、社会学、人类学、语言学及文学等方面具有重要价值。具体评审标准为:①具有展现中华民族文化创造力的杰出价值;②扎根于相关社区的文化传统,世代相传,具有鲜明的地方特色;③具有促进中华民族文化认同、增强社会凝聚力、增进民族团结和社会稳定的作用,是文化交流的重要纽带;④出色地运用传统工艺和技能,体现出高超的水平;⑤具有见证中华民族活的文化传统的独特价值;⑥对维系中华民族的文化传承具有重要意义,同时因社会变革或缺乏保护措施而面临消失的危险。"

更为具体全面，其中提及的"民族文化""传统""地方特色""见证传统"说明非物质文化遗产项目具有历史价值，"增强凝聚力、团结、稳定""文化交流的纽带"说明非物质文化遗产项目具有精神价值和社会影响力，"工艺和技能"是非物质文化遗产的科学技术价值来源，而"面临消失"同样说明濒危性是非物质文化遗产的重要属性。

3.国家级非物质文化遗产项目的评审标准

中国在遴选、批复国家级非物质文化遗产项目时，将非物质文化遗产分为民间文学，传统音乐，传统舞蹈，传统戏剧，曲艺，传统体育、游艺与杂技，传统美术，传统技艺，传统医药，民俗10大类别。纺织类非物质文化遗产被归入传统美术，传统技艺和民俗3大类别。其中，传统美术类86项，占纺织类非物质文化遗产项目总量的35.8%；传统技艺103项，占42.9%；民俗类51项，占21.3%。传统美术类的非物质文化遗产必然具备艺术价值，传统技艺类的非物质文化遗产必然具备科学技术价值，民俗类的非物质文化遗产必然具备历史价值和精神价值。大部分纺织类非物质文化遗产起源于农耕时代，几乎都是就地取材、手工制作，具有天人合一、崇尚自然的生态属性。

从以上国际文件，尤其是联合国教科文组织的有关保护非物质文化遗产的规则，以及中国针对非物质文化遗产保护的法律和相关标准中可以归纳总结出以下两点：

第一，非物质文化遗产具有客观价值和主观价值；

第二，非物质文化遗产具有历史价值、科技价值、精神价值、艺术价值、文学价值，以及要"顺应可持续发展"绿色生态方面的价值考量。

作为非物质文化遗产的一个组成部分，纺织类非物质文化遗产具备非物质文化遗产的这些普适性价值，又由于纺织类非物质文化遗产自身的特点，还具有较强的实用价值，但文学价值并不明显；纺织类非物质文化遗产的原料供给属于纯天然、无污染的自然材质，工艺、技艺属于手工制作，图案和色彩纹样等也取之于自然，因此，纺织类非物质文化遗产还具有明显的生态价值。生态价值是纺织类非物质文化遗产固有的特殊社会生态属性，在历史价值、科技价值、精神价值、艺术价值、实用价值这几个基本属性中都有所体现，因此本研究在价值构成中不将生态价值列在其中。

第三节　纺织类非物质文化遗产价值构成内涵

人们往往用文化价值来统称非物质文化遗产的价值，但文化价值是历史价值、科技价值、艺术价值、精神价值等的综合称谓，是各类价值的综合。本研究将纺织类非物质文化遗产的价值进行细分，分为基础价值、遗产性价值和衍生价值三大类，其中，基础价值指的是非物质文化遗产的实用价值；遗产性价值主要包括历史价值、艺术价值、科技价值和精神价值；衍生价值主要包括经济价值和社会价值。纺织类非物质文化遗产价值分类的主要依据是非物质文化遗产物品的功能。每一件非物质文化遗产物品和普通物品一样都有最基本的使用价值，如衣服可以穿，帽子可以戴等，这种最基本的使用价值是这件非物质文化遗产物品存在的基础。除了基础价值，非物质文化遗产物品还有普通物品不具备的价值，这就是它作为文化遗产所具有的遗产性价值。至于衍生价值，是由于非物质文化遗产物品具有基础价值和遗产性价值而具有经济属性和社会属性。衍生价值是建立在前两种价值之上的派生价值，如图2-2所示。

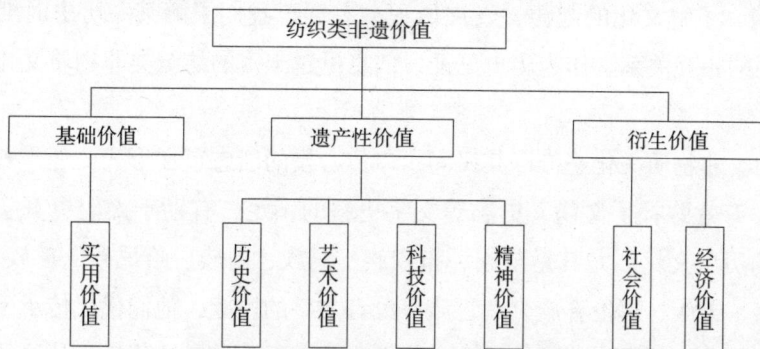

图2-2 纺织类非物质文化遗产价值构成

一、纺织类非物质文化遗产的基础价值

纺织类非物质文化遗产的基础价值主要指其实用价值，实用价值是纺织类非物质文化遗产能穿能用的基本属性，是商品使用价值的基础，是消费者发生消费行为的首选因素。商品的实用价值主要是通过商品的物质实体所表现出来的。纺织类非物质文化遗产的产生，纺织技术的从无到有，当时的创造者、使用者绝不是为今日"遗产"的目的制作，而只是为了自身的实用性，是缘于生存、生活（包括宗教活动和交际活动）的需要，并在生产、生活过程中逐渐发展成熟的产物。实用价值是纺织类非物质文化遗产的本质属性，例如土布，可以做服饰、鞋帽和床上用品，衣服可以穿，具有御寒保暖功能等。又如黎锦，通过轧棉、弹棉、纺线、染色、理经、织布、刺绣等环节，最后生产出色彩斑斓的被、单、筒裙、花带等成品。

从土家织锦现存的品种和图案中可以看出，从它产生那天起，就紧紧围绕着人们的衣、食、住、行、用进行织造，并上升到精神文化层面，贯穿在生、丧、婚、嫁、时序节令等民俗活动中。土布的实用性很强，应用范围很广。南通土布可用作服饰面料、荷包、绣花鞋垫、被面、被里、椅垫、床单、枕套等各种床上用品、工艺品和室内装饰材料。南通是沿海城市，农民出海捕鱼、下田劳作，厚实坚牢的土布是做衣服的首选面料。除此以外，船的油毡、帆布、车披、包袱布、船帆、油篓布等，乃至北方的炕沿、蒙古包、车棚及运输用的包袋等，理想的布料也是土布。正是纺织类非物质文化遗产普遍具有"为生活而艺术"的实用价值，才得以生生不息，具有永不衰竭的活力。

二、纺织类非物质文化遗产的遗产性价值

纺织类非物质文化遗产的遗产性价值包括历史价值、艺术价值、科技价值和精神价值。

1. 历史价值

历史价值是纺织类非物质文化遗产携带的有利于人理解过去社会政治、思想、文化等各个方面信息的价值。非物质文化遗产产生于某一特定历史时期，经过世代相传，它包含着丰富的历史文化信息，这些信息能够帮助我们认识一个群体或者一个地区的历史概貌，了解文化的起源、发展历程，有利于我们了解某一历史时期人、文化、自然之间的相互关系。作为历史见证，信息量越丰富的纺织类非物质文化遗产历史价值越高。

不少纺织类非物质文化遗产以其民间、口传心授的活态存在形式，凭借着独特的图案和纹样，有效弥补了文物、史志等文字史料的不足，有助于人们更真实、全面地了解已逝的历史文化。尤其是苗族、布依族、侗族、白族、哈尼族、瑶族、黎族、土家族、水族、羌族、鄂伦春族、赫哲族等没有文字的民族，他们代代传承下来的纺织类非物质文化遗产具有十分独特的文献特性，具有很高的考证价值。从这些"活化石"形态的纺织类非物质文化遗产中可以见证以下历史信息：

（1）社会制度和宗教信仰。社会制度是指反映并维护一定社会形态或社会结构的各种制度的总称，包括社会的经济、政治、法律、文化、教育等制度。宗教信仰是指信奉某种特定宗教的人群对其所信仰的神圣对象由崇拜认同而产生的坚定不移的信念。在古代，服饰不仅具有御寒取暖的功能，还是身份地位的象征，不同等级的官员服饰图案、装饰有明显的区别。包括汉族在内的不少民族，少女和妇女的服饰装束有明显的区别，这种区别让人一眼就能看出。

纺织类非物质文化遗产的图案和纹样中常见动物、植物、江河、星辰等造型，从中可以考证出"天人合一""万物有灵""自然崇拜"等宗教信息和原始图腾。例如，广西山区树木茂密，先民们为躲避虫蛇侵扰伤害，就以其形绣衣、文面、文身来对抗和躲避，所以广西少数民族织锦图案最原始的本色不是崇尚唯美，而是一些神秘的动物图腾，壮族、侗族、苗族对龙、蛇、凤、鸟均有图腾崇拜的习俗，在这些民族的织锦中逐渐形成了龙纹、蟒蛇花、凤鸟纹等图案。除此之外，壮族有太阳崇拜、山崇拜、水崇拜、雷崇拜，对鸡、狗、青蛙、树等动植物崇拜；毛南族上有日月星辰、风雨雷电的崇拜，下有山川石土的崇拜；瑶族祭祀风神、雨神、雷神、山神、水神、树神、石神等，这些自然崇拜创造了织锦图案中的太阳纹、云纹、雷纹、水波纹等几何图案。尤其在民俗类别的纺织类非物质文化遗产中，对社会制度、宗教信仰的涉及程度更高。像唐卡，融藏、汉、印三种文化和艺术风格为一体，涉及藏族的历史、宗教、政治、文化和社会生活等多个领域。唐卡的绘制要求严苛，程序极为复杂，除要求画师技艺娴熟外，还要求举行宗教仪式。

（2）生活方式和生产技术。生活方式是指个人及其家庭日常生活的活动方式，包括衣、食、住、行及闲暇时间的利用等。生产技术主要是指与生产方式有关的历史信息。非物质文化遗产可以在一定程度上复活关于传统生活、生产方式的记忆。纺织类非物质文化遗产能够透露出所属民族以前生产、生活方面的重要信息。如惠安女的"封建头""民主肚""浪费裤"的装束能够更好地适应她们海边生存、从事渔业生产的需要；赫哲族的鱼皮衣与其居住的江河地域以及捕鱼、狩猎的谋生手段息息相关。起源于汉代的湖南永兴大布江拼布，是由一些心灵手巧的女子把缝衣裁被剩余的边角废料等小碎布一片片缝合而成。之所以利用小碎布，是由于当时物质贫乏，边边角角的布料也不舍得扔掉。

（3）历史事件和人物。无论是归入"民俗类"还是"传统美术类""传统技艺类"的纺织类非物质文化遗产，大多与本民族的历史事件和人物联系在一起。如瑶族服饰背后的五色方绣、苗族服饰背后的方形绣片，折射了祖先从中原地区到西南地区的迁徙和征战的千难万险。土家织锦从土著先民的原始织造到賨（cóng）布、兰干细布，再到斑布、溪峒布、土锦，最后定型为土家织锦，印证了土家民族从原始走向现代，融合多部族聚集发展成为单一民族的历程，是湘西北土家族地区社会发展的历史缩影。又如北宋时期的汴绣，上至天子的"乘舆服御"，下至市民的"宾客祭祀用绣"，使用的都是汴绣。作为一门官方倚重和支持的艺术，汴绣拥有一支庞大的刺绣队伍，在审美形态、艺术题材、艺术结构上都带有皇家风范，和民间艺术有着很大的区别，如代表作品《清明上河图》，就是对北宋都城汴京繁荣景象的历史记载。

（4）民风民俗。很多纺织类非物质文化遗产与民俗中的仪式、节庆活动有关，在重大的节日中，都要穿着本民族的传统盛装参加。从服饰、绣品中不仅可以看出年龄、性别、职业、贫富等差别，还可以看出节日、婚姻、丧葬、崇尚、信仰、礼仪等习俗。例如，潮绣用品记录了潮州地区的民俗活动，在每年的农历正月十五元宵节或七月初七"七巧节"的时候，潮州会举行男童的成人礼习俗，俗称"出花园"。在成人礼上，母亲给孩子用浸泡12种鲜花的温水沐浴后，要系上亲手缝制的新肚兜。肚兜上有刺绣图案"莲生贵子""凤戏牡丹""童子抱鲤"等，寄托了母亲对孩子的美好祝愿和希望。又如，贵州水族马尾绣渗透着水族先民深远古老的民俗文化、独特的民族信仰和审美情感，折射出水族人民对美满幸福生活的向往。水族女子出嫁后，生育第一个孩子时，长辈探视新生儿的礼物便是马尾绣背带或马尾绣银佛童帽，背带一般要经过52道工序才能完成，并且由20多块不同大小的几何图案组成，背带图案必然会出现蝴蝶纹。蝴蝶有保佑孩子、感恩的寓意，背带中间绣上太阳，太阳中间绣一朵大红花。红色代表喜庆，太阳代表万物生长、人类进步，太阳四周绣上草、花、藤蔓、蝙蝠，呈现出太阳下花朵簇拥、蝴蝶翩翩起舞的美丽画面。

（5）民族和地域特征。纺织类非物质文化遗产存在着明显的地域和民族分布特征，例如，对于刺绣，就流传着"苏绣猫咪，湘绣狮虎，蜀绣游鱼，粤绣鸟禽，汴绣人物最传神"这样的一段话，反映了中国绣品的分布及其图案。又如，湘西土家织锦最具代表性的纹样"窝毕"（蛇花）和"实毕"（小老虎），完好地保留了土家语的名称及具体原始形象，是原始渔猎时代的重要遗存。古羌人主要生活在广大的西北部地区（今天的甘肃、青海和四川的岷江上游），聚居区山势险峻，直入九霄，带有明显的高原气候特征。羌族被称为"云朵上的民族"，羌民过着逐草而居的游牧生活，始终保持着与自然最原始的联系，因此羌族的服饰、鞋子、头帕和绣片等融合了各种自然元素，图案以羊纹、云纹、火纹和羊角花纹最具代表性。又如，从马尾绣上可以看出水族先民有养马赛马的习俗。水族先民生活在荆棘密布的丛林地带，用马尾丝线作的刺绣具有光滑、结实、耐用、美观、不易被荆棘等植物刮损的优点。

（6）蕴含起源和传说。中国是纺织大国、纺织古国，自古就流传着"伏羲氏化蚕桑为繐帛""嫘祖教民育蚕，治丝茧以供衣服"等传说，几乎每一项纺织类非物质文化遗产背后都有一个美丽的传说。

西兰卡普的名字来自一个美丽的传说。土家族有个心灵手巧的姑娘叫西兰，擅长织锦，死后化作有绿色和红色羽毛的小鸟，经常飞到织布机上唱歌，人们叫作西兰鸟，西兰就成了土家族的"织锦女神"，所以土家织锦又叫作"西兰卡普"。织机上的"布鸽"多用鸟的形状，土家族认为这是西兰的化身。

马尾绣服饰中孩子的"歹结"（背带）中心所用图案为蝴蝶纹，相传水族的祖先被一只有硕大翅膀的美丽大蝴蝶所救才使水族繁衍生息至今，为此，蝴蝶在水族先民的生活中成为"神"的化身，成为水族孩子成长的"保护神"；水族先民还有一个传说，很久以前发生水灾，鱼救了坐在葫芦上逃生的兄妹俩，所以鱼、葫芦等都是马尾绣上常见的图案。

世代生活在山水之中的壮族，传说信奉的女神米洛甲是从花朵中出生的，因此在壮锦中花纹图案最为常见。

羌族的"云云鞋"有多种传说。第一种传说：古羌族人辛勤刺绣，感动了天上的女神，女神撕下云彩撒向人间，羌族人便将彩色云纹图案绣在鞋面上，这种带有彩云纹样的鞋称云云鞋；第二种传说：大禹受舜帝委派负责治理水灾，夫人女娇精心赶制了一双结实的勾头布鞋，并特意绣上五彩丝线的云纹，希望丈夫穿上这双云云鞋后能够翻山越岭，如彩云般轻盈快捷；第三种传说：羌族人与戈基人进行战争，在头人差点被捉住的紧要关头，他脚上的云云鞋突然显现灵力，帮助头人躲过一劫。

2. 艺术价值

艺术价值是非物质文化遗产在工艺、构图、色彩、纹样、风格、蕴意、精神等方面给予人情绪上或艺术上的感染力、审美、愉悦方面的价值。据《尚书》记载，4000多年前中国就有了"衣画而裳绣"的章服制度，周代有"绣缋共职"的记载。纺织品有"远看颜色近看花"的俗语，色彩和图案纹样在设计中非常重要，不同色彩搭配和颜色布局，配以不同的图案纹样，会产生迥异的艺术效果；相同的图案纹样，色彩搭配不同，也会产生截然不同的视觉效果。在240项国家级纺织类非物质文化遗产中，有86项属于传统美术类，这些项目具有较高的艺术价值。其他传统技艺、民俗类非物质文化遗产项目，由于在生产过程中讲究式样设计、图案蕴意、色彩搭配等，也具有程度不一的艺术价值。纺织类非物质文化遗产的艺术价值主要表现为审美价值和民族文化蕴意。

（1）审美价值。一个民族的织染绣技艺和纹样是以民族的审美意识为基础确定和发展起来的，展示了一个民族的审美情趣和艺术创造力。如将绘画与刺绣完美结合的乱针绣，其审美效果不仅有素描、油画的逼真感，还有工艺作业带来的针法肌理和材料质感，犹如绘画的笔触和油彩。乱针绣艺人被誉为"拿着针线的油画素描大师"。又如传统扎染，是对织物进行扎、缝、缚、缀、夹等多种形式组合后，用天然植物或矿物染料进行染色，这种不规则的浸染效果具备独特的艺术魅力，是机械印染工艺难以达到与仿制的。

从工艺上来看，织染绣技艺各具特色，具有较高的艺术价值。如云锦的"通经断纬"工艺，虚实搭配、轻重搭配、用金搭配、颜色搭配等都非常讲究。夹金织银也是云锦的一大特点，它使织物显得雍容华贵、金碧辉煌，满足了皇家御用贡品的需要。除了像南京云锦的"挑花结本"（类似于今天的程序设计）这类复杂的织绣有事先的设计之外，不少纺织类非物质文化遗产事先不打底稿，也不描画草图，而是全凭绣娘天生的悟性、娴熟的技艺、非凡的记忆力和丰富的想象力。刺绣佳品自古以来与画相连，《周礼·考工记》称"画绘之事，五彩备，谓之绣"，例如，精巧、细腻、逼真的湘绣享有"绣花花生香、绣鸟鸟能听，绣虎能奔跑，绣人能传神"的美誉。绣品平、薄、匀、齐、细、密、亮的主要原因是其特有的针法和用线技艺。湘绣的针法细腻丰富，有5大类70多种。湘绣绣线一般用纯蚕丝，绣线用手指劈可劈至2开、4开、8开、16开等，最高可劈至200开，达到最细原丝纤维。为防止绒丝起毛，一般用皂荚仁溶液蒸煮，所以湘绣佳品的"羊毛细绣"光细胜于发丝。

从构图上来看，纺织类非物质文化遗产的图案"图必有意、意必吉祥"，图案纹样有具体和抽象的自然景物、几何纹样等，不同形态的物象自由组合，活泼生动、情趣盎然、寓意丰富。心灵手巧的妇女们通过对大自然中的天、地、山、水、花、鸟、虫、鱼、生活器具等物象认真仔细地观察和体验，细心地描绘、大胆地夸张，表达出内心的审美倾向，富有浓郁的乡土气息。如土家织锦，整体构成和色彩都具有表象意义，直线造型、对称扩张、尚黑忌白、五方正色等都不同程度地反映了土家人的审美习惯和艺术取向。又如苗族民间挑花（数纱绣），绣时不用事先取样，直接以布的自然经纬为坐标按"经三纬四"进行交织挑绣，反挑正取，借助色彩和各种几何纹样的搭配，形成多视角、多品种的图案，达到立体与平面相统一的视觉效果。

从色彩上来看，不同民族、不同地域的人们会随着主流文化的差异形成不同的色彩观念，并赋予色彩不同的文化内涵。色彩是一种无声的语言，它能体现品性、表达感情，城一夫曾说过："人着色于物，改变了被着色物体自身的本质，无声或者有声地传达各种思想、感情和情绪。颜色变成了语言、思想和感情。"各民族在对色彩的使用上，各具特色，反映了各族人民对生命的理解，表达对生命的热爱、尊重、敬畏，富有浓郁的生活气息与深层次的文化含义，有些也成为一种身份识别的标志。如白领苗和黑领苗就是较明显的服饰颜色识别标志。融水苗族服饰"染以草实，好五色衣服"，五色代表了等级观念：黄色为贵，定为天子朝服的色泽；青色有使役身份的象征，成为贫民的专用色；赤，即红色，代表火，热烈而喜庆，成了婚庆、节庆的专用色；玄，即黑色，象征宇宙的色彩、地下的色彩、鬼的色彩；白，与黑对立，象征着光明。如维吾尔语"天""上天""蓝"是一个词，他们素有尚蓝之习，维吾尔人喜用大量的蓝色装点服饰，如蓝底的花帽、蓝底的花头巾、蓝白相间的艾德莱斯绸，白底蓝花的印花土布，这些清新扑面的"蓝"将维吾尔人原始的崇天信仰生动地展示出来。有人说新疆艾德莱斯绸中红的是火，蓝的是水，绿的是树，维族人把萨满教崇尚的树木、山川、草地、河流以及广阔的天宇全部织进艾德莱斯绸。新疆阿娜尔古丽式织毯常用蓝（深蓝、群青、蓝）作底色，花蕾和果实是红色，枝叶是绿色；博古式织毯蓝底上织飞禽、兽鸟等图案；开勒昆式织毯蓝底配上高艳度的花朵和多层菱形格纹，形成"浪花四溅"的效果等。布依族服饰喜欢在蓝色中点缀红色，他们认为蓝色是天空，明亮、洁净、开阔，蓝蓝的天空上有火红的太阳，太阳使人间明亮和温暖；认为黑色代表对神秘事物探索的愿望和征服困难的雄心；白色是纯洁的颜色，代表乐观向上，对未来充满希望。黎族人喜好黑、红、黄、绿、白五色，他们多以黑色或深蓝色为基本色调，配以红、黄、绿、白等亮丽色调作为辅色，形成一种属于自己的色彩语言，织绣出五彩斑斓的黎锦图案。晚清进士程秉钊曾在《琼州杂事诗》中赞曰："黎锦光辉艳若云。"苗族服装追求色彩的浓郁和厚重的艳丽感，苗族尚蓝黑色，在服饰上多以黑、蓝为主调，显得凝重深沉，配以红、黄、蓝、绿的艳色，对比强烈，图案采用中国传统的线描或近乎线描形式，以单线作为纹样轮廓描绘飞禽走兽、花鸟鱼虫及传统几何图案的造型。

（2）民族文化蕴意。传承至今的纺织类非物质文化遗产都是经过历史筛选的凝聚着优秀民族历史文化的瑰宝。那些越具有民族文化代表性，越能够体现中华民族鲜明特色的非物质文化遗产，其价值就越高。

从象征力上来看，中国传统文化喜欢"引类譬喻""托事于物"的表达方式，由此形成文化象征和文化符号。象征是某种隐秘的，但却是人所共知之物的外部特征。纺织类非物质文化遗产图案、色彩和纹样并非凭空产生，它们承载着不同程度的象征符号。一般织染绣纹样的寓意包括"图腾崇拜""祖先崇拜""神话传说""生存繁衍""辟邪降灾"和"纳福迎祥"等，有的也体现在织绣色彩和服饰配饰上。例如，在哈尼人的眼里，日月星辰是天神所赐的福祉，是幸福、吉祥的象征，因此有"哈尼人把日月戴在身上"的说法。无论哪一个支系、哪种款式的衣装，都能看到它们的身影，如元阳县昂倮支系少女的形似龟甲的银泡衣，整件衣服用银泡嵌钉成满天星，胸前钉一枚代表太阳的大银牌。绿春、墨江等地白宏支系妇女，胸前部位镶钉六排银泡，正中一枚是代表太阳的梅花形大银牌。另外，山川河流是哈尼人美丽的家园，哈尼族妇女将层层叠叠的山峰绣成红色、绿色或金色，山角形的纹路，沿着衣襟、袖口、衣脚、裤脚向周边延伸，与此相伴的是连绵起伏的波浪纹，这些"河流"朝着同一方向，时而绿，时而红。动物本身也具有普遍性的吉祥寓意，或代表民族图腾。例如，白族扎染中的双鱼游莲和蝴蝶纹样，分别象征着甜蜜的爱情和人们对幸福美满生活的向往。苗族崇拜"蝴蝶妈妈"，蝴蝶纹样在苗族服饰里出现的频率非常高，并且在日常生活里苗族不允许打杀蝴蝶。除了图案纹样，颜色的偏好也有不同的寄托，如南通色织土布，蓝黄格子交织的纹样是对太平盛世的向往；蓝白二色搭配寓意天上人间共欢；红黄色是人丁兴旺、日子红火的象征，这体现了南通色织土布作为女儿新婚嫁妆的民俗观念。

从文化符号的丰富性上来看，中国的非物质文化遗产往往带有鲜明的地方特色、丰富的生活情趣和浓郁的乡土气息，具有多样性的表现形式和表达内容。如潮绣，潮绣图案是一个独立的视觉符号体系，这些符号是潮汕人民的主观思想和客观自然与社会相互作用的产物，是潮汕历史、民族信仰、民俗文化的结晶。潮绣大师林智诚用六个字总结潮绣艺术风格：密密、满满、通通。潮绣图案题材丰富，由人物、动物、植物、器皿四大类构成，人物类题材多来自民间历史典故、神话传说、仙佛神灵、地方戏剧等；动物类题材有来自生活中常见的蝴蝶、鱼、虫、飞禽走兽，也有表现传统民族喜好的祥瑞麒麟、龙、凤等图腾；而植物和器皿的题材皆是生活中常见的。潮绣的纹样有连续纹样、角隅纹样、单独纹样、几何纹样等。例如，羌族信仰多神，对天、地、山、水、火、羊、树、门神等甚为敬重，在羌绣图案纹路中相应呈现出来，动物纹样有羊纹、牛纹、蝴蝶纹、虎头纹、狗纹、狮纹、猫纹等，植物纹样有杜鹃花、菊花、金瓜、杉枝、牡丹、石榴、韭菜花等，抽象纹样有太阳纹、星辰日月纹、十字纹、万字纹、如意纹、回纹、云云纹、火纹等，用这些简化、概括、抽象、造型各异的羌绣图案记录着自己的精神、生活和文化。

从地域风格和特征上来看，虽然国家级纺织类非物质文化遗产项目只涉及了33个民族，但56个民族都有自己民族特色的服饰。有些可能与其他民族接近，如保安族服饰与蒙古族服饰类似；有些具有浓厚的民族特色，如德昂族妇女的"藤篾缠腰"。这些服装大体上分为长袍和短衣两类。就袍子形式而言，有蒙古族、满族、土族等民族的高领大襟式，有藏族、门巴族等民族的无领斜襟式，有维吾尔族等民族的右斜襟式等；就裙子款式而言，有百褶裙、筒裙、短裙、连衣裙等。黎族、傣族、景颇族、德昂族等民族妇女都穿筒裙，但黎族为棉制锦裙，景颇族为毛织花裙，德昂族为横条纹裙，而傣族多为布料裙。即使是同一民族，也因支系的不而具有不同的服饰，因此中国少数民族的服饰类型格外丰富。苗族分为红苗、黑苗、白苗、青苗、花苗五大类，其中花苗又包括大头苗、独角苗、蒙纱苗、花脚苗等，这些支系皆以不同的服饰划分。如羌族的服饰与刺绣文化，伴随族群分布及地域隔离等原因，茂县、汶川、理县和北川四地风格的差异可谓是"五里不同俗，十里不同风"。

从风俗礼仪关联上来看，有些纺织类非物质文化遗产并不单纯地表现为物品，而是当地风俗礼仪的载体。如靖西壮族织锦中的儿童用品——背带，背带在靖西被看成生命的载体。孩子满月的时候，靖西壮族人民要举行"满月酒"，岳父母、舅父母和姨父母要准备好背带等礼物，同时还要举行其他仪式，如给婴儿命名，举行用外婆送的背带背婴儿到路上乃至田间地头走一回的"背带礼"，贺喜队伍唱《背带歌》。背带是母亲背上的"摇篮"，一条背带常背几代人。背带芯上织的梅花、牡丹花、菱形、凤凰等图案，将婴儿比作含苞待放的花朵，寄托着亲人对孩子的爱与祝福。七彩的背带是壮族人生礼俗图像的语言，从中可以探索生命及人生礼俗方面的丰富内涵。土家族为巴人后裔，巴人最早有五姓，五姓皆居于武落钟离山，其山有黑穴，且五姓之中处于主导地位的是气赤穴一姓，所以土家织锦图案底色尚红尚黑，红色多为主色调，黑色为辅色。土家族人对白色的好恶因其族源有所不同。鄂西恩施地区与湘西酉水流域一带都属巴人后裔，鄂西恩施地区的土家族人隶属于白虎夷一族，认为巴人廪君死后魂魄化为白虎，所以崇尚白虎，并不排斥白色；湘西酉水流域的土家族人则隶属于板楯蛮一族，有赶白虎的习俗，认为白色属于不吉利的颜色，所以忌白色。

3. 科技价值

科技价值，是指纺织类非物质文化遗产生产过程中的生产力、科学技术水平、创造力等方面的价值。纺织类非物质文化遗产是对历史上不同时代生产力发展状况、科学技术发展程度、人类创造能力和认识水平的原生态的保留和反映，是后人获取纺织科技历史资料、掌握科技信息的基本来源之一。纺织类非物质文化遗产的科技价值，体现了历史上不同时代、不同地域、不同民族的生产力发展状况、科学技术发展程度、人与自然的关系以及人的创造能力和认识水平。在93种国家级纺织类非物质文化遗产中，有37项属于传统手工技艺类，这些非物质文化遗产项目具有较高的科技价值。其他民间美术、民俗类非物质文化遗产项目，由于产品涉及原料的处理、针法变化等工艺流程，也具有程度不一的科技价值。纺织类非物质文化遗产的科技价值自远古先民"骨针缝皮"时就已具有，在7000多年前的河姆渡人已打制出了纺织工具。纺织类非物质文化遗产在纺、织、染、绣等方面有着特定的技术要求，其科技价值主要表现在四个方面。

（1）纺织工具。纺织类非物质文化遗产独特的技术要求、复杂的工艺流程，必须凭借特制的工具才能完成，每一项纺织类非物质文化遗产都有各具特色的技术工具。如被古人称作"寸锦寸金"的云锦，是用长5.6米、高4米、宽1.4米的大花楼木制提花机织成。织锦的时候，机上坐着"拽花工"，负责按过线顺序提拽；机下坐着"织手"，"织手"根据上面"拽花工"给的信息，两人配合操作编织。据考证，大花楼织机是为云锦生产而发明的，它的设计结构非常合理，迄今1000多年过去了，也没有多大改变。又如乌泥泾棉纺织技艺，黄道婆革新了捍、弹、纺、织的技艺，改进了相应的器具与机具，包括轧棉机、弹弓弹椎、三锭纺车，形成了一整套13世纪最先进的棉纺织工艺技术，直接推动了江南地区手工棉纺织业的发展，博得了"松郡棉布，衣被天下"的赞誉。

（2）技术工艺。240项国家级纺织类非物质文化遗产，复杂程度和技术工艺水平各具特色。如云锦，生产工艺繁杂，工序极多，每道工序都有谜一样的诀窍。概括起来，主要有五大步骤：纹样设计、挑花结本、原料准备、造机和织造。其中独特的挖花盘织工艺至今尚不能被机器所替代。如在大花楼木织机上，"拽花工"和"织手"两人上下配合，使用通经断纬的技术生产出来，该过绒时过绒，该过金时过金，该走地组织时走地组织，忙而不乱，繁杂色彩都熟练记忆在脑海里，其精湛的技艺达到了炉火纯青的地步。又如乌泥泾棉布的"错纱配色，丝线絮花"的织布技艺，土家织锦的"断尾挖花、反面挑织"技艺，湘绣双面全异绣的"隐针绣法"，汉绣的铺、压、织、锁、扣、盘、套七种针法的变化等，这些叹为观止的技艺，有些至今不能用机器生产来替代。特别值得一提的是，湘绣狮虎的"鬅毛针"技艺，刺绣艺人在掺针绣法的基础上，使用变换施针方法，让针聚散状地撑开，撑开的一头用线粗一点、疏一点，另一头则密一点、细一点，把线藏起来，这样线像真毛一样，一头似乎长进了肉里，一头却鬅了起来，细线是用手工劈丝技艺，将纯蚕丝原线逐步分细到每根200开左右。除鬅毛针以外，湘绣狮虎还结合旋纹针、回游针、平游针、花游针、齐毛针、混针、牵针、柳针等数十种针法，参差穿插运用，使虎眼的神、虎须的劲、斑毛的质感、爪牙的动态，都能生动地再现。老虎的眼睛，往往用杏黄、秋黄、麻黄、黄灰、墨绿、深蓝、棕、黑、白、红等十多种彩线，而其中每种彩线的色阶加起来，又有近25种，利用旋游针法将变幻众多的色彩入绣，利用丝线反光，虎眼便产生了一种旋动感，咄咄逼人，让人在视觉上强烈地感受到那种"一声啸震千山外，凛凛余威百兽惊"的神威气势。

（3）技术流程。无论是使用织机进行织造的云锦、宋锦、蜀锦，还是使用花版的蓝印花布等，都需要多道工序和相当复杂的工艺技术才能完成整个加工过程。流传于南通和邵阳地区的蓝印花布，是以花纹对称的两块雕版夹紧织物，浸于染缸后使染液进入雕版花纹间而完成印花工艺。整个工艺过程包括织布、制靛、刻制花版、印染等多个工序，各工序都有严格的技术要领，工艺极其精细。扎染工艺是白族独特的民间染制工艺，民间称为"疙瘩染"，在土布上画刷手稿图案，然后用针线进行结、系、捆、绑、缝等方式进行扎花，呈"疙瘩"状，经过反复浸泡脱浆、浸染固色，最后晒干、拆线、漂洗、晾干、碾平，色泽未浸渍之处即成各种花型，每道工序相互衔接，任何一道工序稍有不慎都可能全盘皆输。

（4）原材料和染料。纺织类非物质文化遗产的织染绣原料大多取自天然。例如，

037

湘西土家族的传统染织过程采用纯天然材料，原料是天然棉花等，染色中很多植物染料本身就是中草药，可以食用或药用。如靛蓝染色用"大青叶"能消炎祛湿，这类植物也是制造板蓝根药物的原料。在民间用"土靛"的沉淀物涂抹医治腮腺炎之类的病痛十分有效。黄栀子染色，织物不仅色泽鲜美，对人体还有清热利湿、泻火除烦、凉血解毒、消肿止痛等保健作用。早在千百年前，中华民族的祖先就知道将朱砂用于医药和染织。这些染料对大自然无污染，满足了保护环境生态平衡的需要。又如，白族扎染采用取自苍山的纯天然植物板蓝根为染料，色泽自然、青翠凝重、固色稳定、生态环保，黄芩、五倍子、大黄等植物染料，具有舒缓神经以及消毒杀菌、消炎护肤的功效。其他还有，水族先民有养马、赛马的习俗，马尾绣随之应运而生，马尾绣线有很多优点：马尾质地硬、富有弹性，盘绣花纹不易变形、形态饱满；马尾毛不易腐烂变质，马尾线结实光滑，绣品不易变形、不易被刮破，经久耐用；马尾毛含有油脂成分，利于长期保持丝线光亮度。

4. 精神价值

精神价值是纺织类非物质文化遗产作为文化符号所蕴藏着的、在长期生活习俗中积淀而成的、积极向上的、有凝聚力号召力的民族意识和民族精神。非物质文化遗产代表了民族普遍的心理认同和基因传承，代表了民族智慧和民族精神，在唤醒民族意识、激发民族自豪感、振奋民族精神、传承民族文化、凝聚民族力量、鼓舞民族进步和发展等方面具有突出的价值和作用。非物质文化遗产是以人和人的精神活动为载体的，体现了人的精神要素和创造力价值，传承了人的生活态度和文化精神。非物质文化遗产具有的精神价值主要表现在以下五方面。

（1）民族认同感和归属感。非物质文化遗产在传统社会中具有较高的知名度和较强的社会影响力，帮助古代居民"形成身份、地位和习惯的意识"，增强人们对所属群体、地域或民族的归属感和认同感，为他们提供精神依托。纺织类非物质文化遗产内容反映和表现了民族的共同心理结构、思维习惯、生活风习等内容，成为各民族在历史的演变过程中形成的认同纽带。苗族先民好"五色衣"，其服装历史上习惯在黑色的底料上绣五色花纹，无论衣袖、围裙、裤边，还是头帕、鞋面和童帽都以黑色作衬底，在黑底上绣出红花绿草、青龙黄雀，色彩对比强烈，民族服装具有很强的民族识别性，产生文化认同感，因此，我们识别各少数民族的一个最简捷的方法就是看服饰打扮。现如今，各少数民族的青年人往往外出打工，常年在外，偶尔回家看到本民族的传统服饰，文化的认同感和归属感油然而生。认同是一种情结，对维系本民族文化的存在与延续起着自发的凝聚作用，这种认同促进了群体的团结与和谐，维系了家国情怀与乡土情结。

（2）宗教信仰。在240种国家级纺织类非物质文化遗产中，有51项属于民俗类。民俗类的非物质文化遗产在本民族的重大节日中必不可少，是民族信仰、图腾崇拜的载体之一。服饰上的图案如蝴蝶、蝙蝠、鱼、龙凤等，往往是民俗和信仰的意识体现，折射着浓郁的民族生活气息和深沉的心理积淀。大理白族民间信仰中有"蝴蝶崇拜"，蝴蝶是美的象征，其身美、形美和色美，被誉为"会飞的花朵"，是人们对美的憧憬和向往，蝴蝶也是多子的象征，蕴含着人们对繁衍生命的一种希冀和追求。白族传统中用蝴蝶来寓意人丁兴旺。传说大理苍山有"蝴蝶泉"和"蝴蝶树"，每年一到农历四月合欢树开花季节，彩蝶纷飞，大理白族的青年们纷纷相约"蝴蝶会"，扎染中流行的"蝶恋花"图案正是这个美丽传说的见证。

（3）礼仪教化。孔子在《大戴礼·劝学》中说："见人不可以不饰。不饰无貌，无貌不敬，不敬无礼，无礼不立。夫远而有光者，饰也。"服饰是中华民族礼仪制度的一个重要体现。比如，哈尼族未婚和已婚的女子在服饰上有着明显的区别。纳西族妇女"披星戴月"的服饰，象征着她们"肩挑日月、背负繁星"、起早贪黑、辛勤劳作、任劳任怨的美德。羌族人民借助羌绣抽象的精神力量，来增强自身的力量，很多羌绣图案和纹样呈现着羌族"敬、和、谦"的精神实质。又如，潮绣所在的潮汕地区，早期受中原移民文化儒家思想的影响，在很多以人物故事为题材的绣品中可以找到"仁、义、礼、智、信、忠、孝、悌、节、恕、勇、让"的道德准则，绣品已经不仅仅是装饰，在一定程度上也是一篇道德教导范本。

（4）情感表达。各民族在设计、制作非物质文化遗产作品时，往往把对大自然的认识和美好生活的向往渗透在图案、色彩中。苗族、土家族等少数民族姑娘还将服饰作为定情之物、陪嫁之物等。苗族姑娘对情人不用华丽的语言来表达忠贞，而是将亲手绣的绣花飘带相赠。按照土家族的风俗习惯，过去土家姑娘从小便随母亲、姐姐操习挑织技艺，长大出嫁时，必须有亲手编织的"土花铺盖"作陪嫁品。至今在捞车河流域仍流传一句话"嫁女有'土花铺盖'才贵气"；婚后小孩摇篮里的被面、盖裙、背袋等物，都得自己亲手编织。"土花铺盖"是嫁妆必需品，是女子一生美好梦想的寄托，也是家中的"传家宝"。土家姑娘在订婚之后，带着美好的憧憬去编织它，把对未来生活的期盼全都织了进去。有史料记载："土妇善织锦，裙被之属，或经纬皆丝，或丝经棉纬，挑刺花纹，斑斓五色……"羌民主要的劳动形式是牧羊，羊肉、羊奶可食，羊皮可穿可盖，羊在羌民生活中占有重要位置，因此"羊"的神话传说在羌族民间广为流传，羊头图案被刺绣在羌族男子服装上，求得神灵护佑；美丽的羊角花也被羌族妇女刺绣在长衫、围裙、鞋面上，寄托关怀和祝福，寓意美好生活。

（5）蕴含的心理和品格特征。不少传统技艺，工艺复杂，制作费时费力，例如，以麻为原料的服装，要经过种麻、收麻、绩麻、纺线、漂白、织布等一系列工艺，然后到染、绣、缝等，一幅工艺精湛的绣品，需要耗费工艺师数月乃至数年的精力，没有坚强的毅力是难以完成的，这折射出劳动人民的自强不息、艰苦奋斗的精神。纺织类非物质文化遗产是在特定的时空条件下生成发展的，在传承的过程中为适应环境条件的变化进行了不断扬弃和创造性重组，反映了劳动人民的智慧和创新精神。各民族的纺织类非物质文化遗产并不是单纯表现为某个民族专有的艺术形态，而是在内容上既体现了以继承本民族传统文化为内涵的品格，又体现了以融合其他民族先进文化艺术因素为外延的社会与时代特征，如湘西土家族的织锦技艺和新疆维吾尔族的艾德莱斯绸等，体现了劳动人民技艺传承中的开放精神。

三、纺织类非物质文化遗产的衍生价值

纺织类非物质文化遗产在其传承利用过程中衍生出来的主要价值包括社会价值和经济价值。

1. 社会价值

社会价值，是指纺织类非物质文化遗产在促进社会发展方面所具有的物质性和精神性的价值。主要包括社会和谐、教育价值和研究价值。

（1）社会和谐。纺织类非物质文化遗产可以促进群体的价值认同，尤其是群体传承的非物质文化遗产项目会带来民族团结与社会和谐，在维护社会秩序、促进社会群体团结稳定、增强国家认同和文化交流等方面具有重要作用。

①促进社会和谐稳定。作为文化遗产的一种，非物质文化遗产是规范人们思想观念、行为方式的基本力量。无论是传承人还是普通民众，在接触和传承非物质文化遗产时，其中蕴含的传统伦理道德资源以及和谐的思想，无形中潜移默化地影响和指导他们的行为，引导着他们实现与他人、与社会的和谐。虽然纺织类非物质文化遗产种类较多，表现形式不一，但其中的传统文化内容体现了本民族的共同心理，密切了人与人之间的关系，增进了人与人之间的了解，能够产生民族凝聚力，是社会价值认同、社会和谐的重要源泉。

②增强国家认同。国家认同包含一个国家内的国民"对自己的国家的历史文化传统、道德价值观、理想信念、国家主权的认同"。国务院 2005 年颁布实施的《国家级非物质文化遗产代表作申报评定暂行办法》中关于建立国家级非物质文化遗产代表名录的目的明确规定，"加强中华民族的文化自觉和文化认同，提高对中华文化整体性和历史连续性的认识。""尊重和彰显有关社区、群体及个人对中华文化的贡献，展示中国人文传统的丰富性。"具体评审标准中有具体的说明，"具有促进中华民族文化认同、增强社会凝聚力、增进民族团结和社会稳定的作用，是文化交流的重要纽带""具有见证中华民族活的文化传统的独特价值"等内容。纺织类非物质文化遗产是中国各民族优秀文化的重要组成部分，反映各民族文化的精华，也是连接各民族情感的纽带和共同的精神家园。纺织类非物质文化遗产中包含的信仰、观念、价值、符号、期望的精神内涵成为国家认同的基础。非物质文化遗产能够弘扬中华优秀传统文化，激发人民大众的情感共鸣，增强国家认同感，增强文化自信，同时也有利于减少民众因受到别国文化输出的影响而导致的丧失国民文化身份等威胁国家文化主权的不安全问题。

③成为文化交流的纽带。很多服饰发展演变记载着民族历史和文化交融的过程。甘肃和青海地区的保安族、东乡族、回族、撒拉族等民族服饰有很多相同之处，湘西

苗族与土家族的服饰有相似之处，云南迪庆地区的纳西族和藏族的毛皮服装基本相同，黔桂交界处的苗族与侗族的妇女首饰有许多相同之处，满族贵族服饰对蒙古族及其他一些民族服装有很大的影响，这些服饰见证了相关民族在服饰款式、技艺方面的交流。

在织染绣技艺中也能找到文化交流的影子。黎锦是唐宋时期黎族始创的"五色线"编织立体图案形成的多样织锦，在宋元时期黎族织锦技艺逐渐向中原地区传播。元代，黄道婆从海南带回棉花种子，将自己在黎族学习到的织锦技艺传到了松江府，当地群众纷纷学习棉花的种植和"纺之为纱，织之为布"的纺织技术，诞生了乌泥泾棉纺织技艺。

纺织类非物质文化遗产也是国际交流的载体，如沈绣作品跻身了国礼行列。早在1909年的清代，沈绣的创始人沈寿就奉命选制绣品，作为清政府祝贺意大利皇后诞辰的贺礼，意大利皇帝和皇后称颂沈寿为"世界第一美术家"；2009年时任国家主席在钓鱼台国宾馆将沈绣作品《奥巴马总统全家福》赠送给当时的美国总统奥巴马；其他的像2011年的《比利时国王夫妇肖像》、2013年《普京总统先生肖像》、2014年的《比利时国王合家欢》和《赵云画像》、2015年的《基塔罗维奇总统像》等，都作为国礼赠送外国领导人。2014年11月10日，亚太经济合作组织APEC领导人非正式会议在北京怀柔雁栖湖举行，国家主席习近平身着紫红上衣，由万字纹宋锦面料、提花海水江崖纹制成，纹饰寓意为21个经济体山水相依，主席夫人则是一袭靛蓝立领旗袍裙，服装用料为提花宋锦，外搭开襟、连肩袖外套。次元首服装既有中山装的立领、开襟元素，又有传统真丝、宋锦面料，这套服装称为"新中装"。

（2）教育价值。教育价值主要是指纺织类非物质文化遗产包含的信息具有传承教育的价值。2003年联合国教科文组织通过的《保护非物质文化遗产公约》第十四条指出：各缔约国应竭力采取措施，通过向公众尤其是向青年进行宣传和传播信息的教育计划，使非物质文化遗产在社会中得到确认、尊重和弘扬。《中华人民共和国非物质文化遗产法》第三十四条规定："教育部门和各级各类学校要逐步将优秀的、体现民族精神与民间特色的非物质文化遗产内容编入有关教材，开展教学活动。"纺织类非物质文化遗产的教育价值主要体现在以下两方面。

①科技知识的普及教育和技能教育。纺织类非物质文化遗产中包含着适应于当地自然环境、生产、生活方式的传统技艺、技术、技能等科学知识，还蕴含着丰富的自然、历史、文化以及艺术知识，这些知识中能够服务当代生活的部分可以以知识传授和体验活动等多种途径通过个体教育、学校教育和社会教育传承给下一代。如湘绣教育培训，杨世焯开馆办学，不仅为社会培养了大批量的绣工，还将高水平的绣工雇佣为自己的员工。又如被后人称为"代表了苏绣的最高水平"的沈寿，1912年移居天津并开办自立女红传习所，1914年到苏州开办同立绣工学校，后偕同姐姐沈立赴任南通女红传习所所长兼刺绣教员。南通女工传习所建立了严格的学制，凭借体系化

的教育模式以及仿真绣的金字招牌，沈绣在南通展现出新的生命力，涌现出"双面绣""乱针绣""彩锦绣""刺绣壁挂"等新绣种，造就了一批刺绣艺术家。

②文化认同教育。文化认同教育包括优良的传统教育、坚定的信念教育和高尚的思想道德养成教育等，这些教育能潜移默化地影响年轻一代，有利于弘扬优秀的民族文化，有利于营造社会良好风气。对年轻一代的道德品行和生活态度的培养有积极的促进作用，能够帮助他们树立对生活的美好向往与对生命的崇高敬意，培养沉下心、稳住气、吃得苦、耐得寂寞、勤劳勇敢的意志品质和勤恳敬业、勤俭持家的优良品德。通过体悟各民族传统文化的精髓，了解中华文明的源远流长，认识传统文化的博大精深，增强民族认同感、文化亲近感，激发强烈的爱国情怀，树立正确的人生观、价值观。

（3）研究价值。纺织类非物质文化遗产具有的科学知识、技术工艺、反映的民俗文化等，为研究古代纺织科技发展及民族文化等提供了重要的史料依据。如传递水族古代文明的"水书"，"水书"古文字是马尾绣的纹饰主题之一，既反映了水族人民的审美情趣，也记录了水族传统文化神秘而古朴的异彩。原生态的湘绣普遍存在于边远少数民族地区，从湘绣中可以考证出这些民族承续的久远的楚汉遗风。白族扎染的制作过程具备充分的科技含量和技术特征，反映了染织行业的代表性技术及其发展；图案符号等反映了宗教、信仰、思想和审美等特质。汴绣最重要的艺术语言就是针法，新中国成立初期，汴绣针法有十几种，1958年针法发展到二十几种，1982年新老针法共计36种，20世纪90年代开始针法创新，借鉴了苏绣、湘绣5种针法，创新了针法10种，即蒙针绣、悠针、云针绣、双合针绣、羊毛绣、席蔑绣、包针绣、锁边绣、麦子绣、接针绣。这些针法是研究汴绣艺术语言和表现方式的重要内容。黎族织锦纹样是其不同方言区的标识性符号，黎族群众将自然中定型化的物象当作织锦的素材，不同方言区的织锦图案反映了当地黎族群众的自然环境、宗教信仰、生活习俗、社会生产和文化生活等。

2. 经济价值

经济价值主要是指一些纺织类非物质文化遗产可以在保护的基础上合理利用其所蕴含的经济因素，开发具有民族特色和市场潜力的文化产品和文化服务而带来的经济效益，实现"文化资源"的利用和向"文化资本"的转换。《非物质文化遗产法》第三十七条规定："国家鼓励和支持发挥非物质文化遗产资源的特殊优势，在有效保护的基础上，合理利用非物质文化遗产代表性项目开发具有地方、民族特色和市场潜力的文化产品和文化服务。""合理地开发和利用这些代表性项目，充分发挥其优势，开发具有鲜明特色的文化产品，挖掘市场潜力，可以增强非物质文化遗产的生命力和活力，也能让当地传承人和群众获得经济收益，提高他们的传承积极性，为非物质文化遗产保护和传承奠定持久、深化的基础。"纺织类非物质文化遗产作为稀缺资源，甚至是衰退资源，其产品既可以作为基本的实用价值生活使用，也可以以其精湛的手工工艺及其艺术价值，进入艺术品流通领域，作为服务性资源供人们消费。

（1）产品经济价值。许多纺织类非物质文化遗产在长期的生产实践中不断被改进和发展，如传统丝织技艺、蓝印花布、蜡染技艺、鲁锦等，其产品、商标、品牌等具有经济价值，尤其是有些纺织类非物质文化遗产实行生产性保护，在现代市场经济中产生了可观的经济效益。有些纺织类非物质文化遗产适宜进行产业化开发，在产业链上下游延伸，开发出服饰、装饰、鞋帽、箱包、家纺以及工艺品等系列产品。同时，也为社会提供更多的就业、创业机会，还具有宣传普及传统文化、拉动文化消费等社会经济功能。20世纪80年代，云南大理周城兴建了专业扎染厂，以扎染布艺生产作为地区旅游业和商业出口经济项目，产品多以棉、麻、绒等面料生产扎染类服装，还依当地的旅游业优势生产床单、围巾、枕巾等上百种扎染产品，图案题材多以动物、植物、人物等写实手法，产品80%出口到美国、加拿大、英国、日本等十多个国家和地区。扎染带动了当地的就业、旅游、销售和出口，实现了商业与文化的良性循环。

（2）服务经济价值。在保护好非物质文化遗产资源的前提下，可以将纺织类非物质文化遗产进行产业链的横向延伸，通过联合开发旅游业、博展业、演艺业等把纺织类非物质文化遗产的文化资源转化为服务资源，充分发挥出其经济价值。例如，从与旅游产业的关联来看，传统的手工生产方式属于"生态技术"，可以融入或者打造出独特的文化空间。如苗绣、苗族服饰、苗族银饰锻造技艺、苗族织锦技艺等成功地融入了贵州西江千户苗寨的旅游开发。傣族的传统服饰成为傣族泼水节中的一个组成部分。其他如唐卡艺术节、蚕花观光节、丝绸节等，将纺织类非物质文化遗产与其他项目结合在一起组成了休闲观光体验的生态旅游体系。此外，还可以开发诸如博展业和演艺业等，在带动区域经济社会中相关产业发展的同时，扩大非物质文化遗产的国内国际传播，促进非物质文化遗产的可持续发展。

综上所述，纺织类非物质文化遗产的价值构成包括基础价值、遗产性价值和衍生价值，具体可以分解分为若干价值层次，如图2-3所示。

纺织类非遗的价值构成

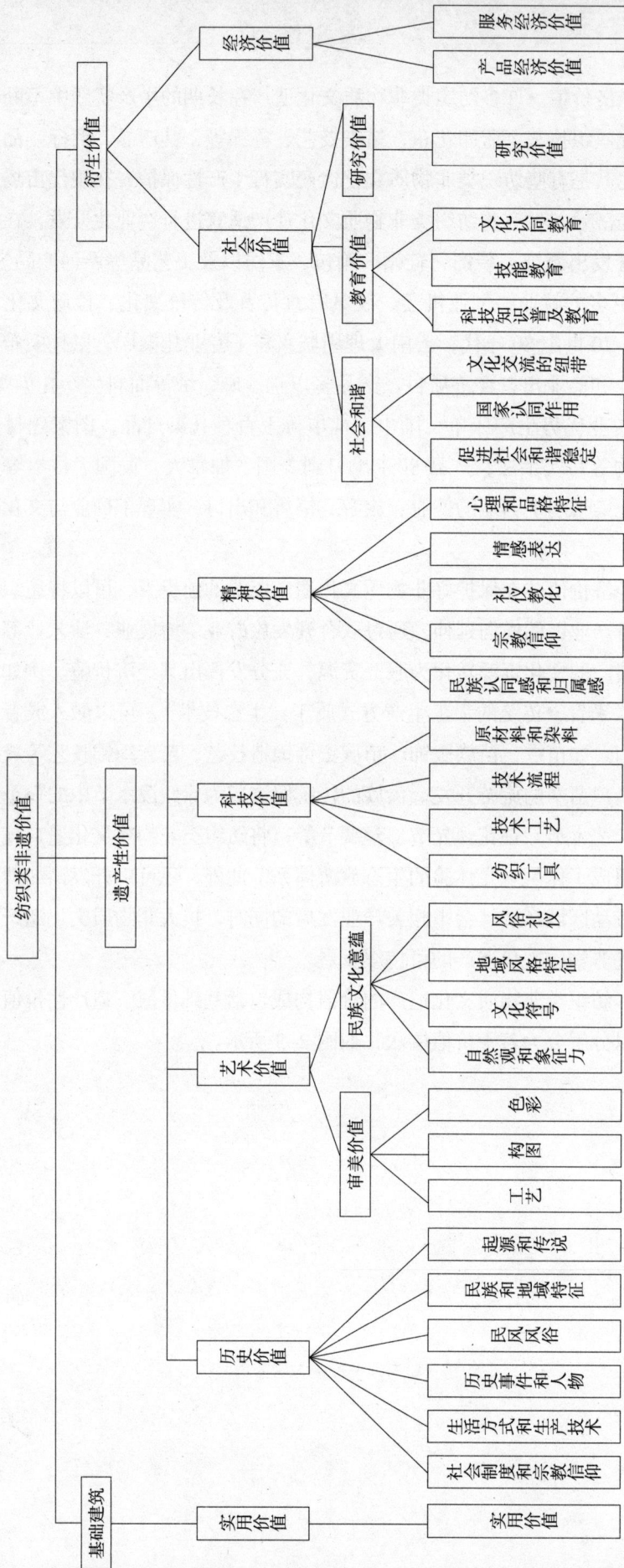

纺织类非遗价值

- 遗产性价值
  - 实用价值
    - 实用价值
  - 历史价值
    - 起源和传说
    - 民族和地域特征
    - 民风风俗
    - 历史事件和人物
    - 生活方式和生产技术
    - 社会制度和宗教信仰
  - 艺术价值
    - 审美价值
      - 工艺
      - 构图
      - 色彩
    - 民族文化意蕴
      - 风俗礼仪
      - 地域风格特征
      - 文化符号
      - 自然观和象征力
  - 科技价值
    - 原材料和染料
    - 技术流程
    - 技术工艺
    - 纺织工具
  - 精神价值
    - 心理和品格特征
    - 情感表达
    - 礼仪教化
    - 宗教信仰
    - 民族认同感和归属感
- 衍生价值
  - 经济价值
    - 服务经济价值
    - 产品经济价值
  - 社会价值
    - 研究价值
      - 研究价值
    - 教育价值
      - 文化认同教育
      - 技能教育
      - 科技知识普及教育
    - 社会和谐
      - 文化交流的纽带
      - 国家认同作用
      - 促进社会和谐稳定

基础建筑

图2-3 纺织类非物质文化遗产价值构成细分图

苗族刺绣纹样

很多少数民族的服饰图案有动物、江河、星辰等造型，古代苗族从自己的氏族或部落的族徽观念出发，在装饰上创造出特点各异的艺术形象，用以作为本氏族的象征符号。这些特点也反映在苗族刺绣的纹样内容上，根据汉籍记载，按照服饰图案纹样和色彩将苗族分为红苗、花苗、白苗、青苗、黑苗等。这种划分在一定程度上反映了苗族内部各个不同民族的历史信息。

红苗，以龙、凤为其氏族象征，图案内容以龙凤纹样为主体，色彩装饰以红为主体，辅以白、黄等其他色彩嵌饰；花苗，则是以花为其氏族象征，图案纹样多以花为其主题内容，运用各种色彩对图案进行配色，色彩种类繁多；白苗，以蝴蝶为其氏族象征，纹样以蝴蝶为主体，底色以白为主，纹样配以朱红、浅红，间以灰、黑、蓝等色，或以深色为底；青苗，以夔为其氏族特征，图案以麒麟为主体内容，或配以云纹，表现麒麟腾云驾雾，或配以水波纹，表现麒麟漂洋过海，纹样配色以青为主色调；黑苗，则以狗为其氏族象征，纹样以狗为其主体内容，配色多用黑色、黑紫等，再用黄色、黄间白或其他少量色彩点缀其中

赫哲族鱼皮衣

每一项纺织类非物质文化遗产具有的独特风格源于所处的独特的自然环境，赫哲族鱼皮衣反映了赫哲族居住的江河地域以及捕鱼、狩猎的谋生手段。

鱼皮衣在赫哲民族服饰中居于族徽的地位，它是赫哲族生存的自然环境恩赐的结果，也是最具赫哲民族特色的服饰。赫哲族鱼皮衣制作过程十分烦琐，它的鞣制技艺堪称一绝，具有很强的艺术性和实用性，蕴含着本民族丰富的历史、文化内涵。

赫哲族祖祖辈辈居住在中国东北的乌苏里江、黑龙江、松花江沿岸地带，是我国55个少数民族中唯一一个以捕鱼、狩猎为主要谋生手段的民族，也是唯一能用鱼皮缝制衣服的民族，历史上因此称为"鱼皮部"。

赫哲族一般居住在江河交错、地势平坦的地域，那里森林茂密，气候四季分明，自然资源极为丰富，是一些特种鱼和名贵皮毛的主要产区。

赫哲族一年四季捕捞到的鱼，都可以鞣制鱼皮布。鱼皮衣的制作材料一般是用怀头、哲罗、细鳞、大玛哈等细小鳞纹的鱼皮。鱼皮裤、套裤一般用鳇、鲟、鲤等鱼皮。鞣制鱼皮的工具一般由木质坚硬的桦树、柞树凿制而成，有木槌床、木槌、木刀、木齿锯、铁铲、木铡刀等。

鱼皮套裤是赫哲族男女都比较喜欢的一种传统服装。服装造型独具特色：只有两个裤筒。赫哲族男人在冬天打猎、夏天下江捕鱼时一般将鱼皮裤套在长裤外面，用带子系在腰部。打猎时耐磨，捕鱼时可防水护膝。赫哲族妇女上山拾柴、采集野菜时也

是将鱼皮裤套在外裤上，可以防虫、防潮，也有保暖效果。鱼皮裤是捕鱼、狩猎或从事其他户外劳动的实用衣服。

赫哲族服饰图案讲究美观大方、雅致精细、生动逼真。图案造型一般有云纹、回形纹、浪花纹、鹿纹、几何纹、蝴蝶纹、花草纹、鱼鳞纹、鱼纹等。回形纹、云纹是赫哲族应用最广泛的一种纹样造型，不仅在服装上采用颇多，被褥、坐垫、幔帐等生活用品上也常见。云纹在赫哲人心中有荣华富贵和吉祥福禄等寓意。鱼皮套裤的两头镶绣着云纹花边，表现了赫哲族对早年衣、食、住、行依存的江河情有独钟。

南京云锦

非物质文化遗产中还有许多绝妙的艺术创造和高超的艺术技巧，能触及人心，体现了极高的艺术价值。

南京云锦工艺独特，织造云锦的操作难度和技术要求都很高，织制云锦需由拽花工和织手两人相互配合，用老式的提花木机织造，拽花工坐在织机上层，负责提升经线；织手坐在机下，负责织纬、妆金敷彩，两个人一天只能生产5~6厘米，这种工艺至今仍无法用机器替代，故而有"寸金寸锦"之说。

如果要织一幅78厘米宽的锦缎，在它的织面上就有14000根丝线，所有花朵图案的组成就要在这14000根线上穿梭，从确立丝线的经纬线到最后织造，整个过程如同给计算机编程一样复杂而艰苦。云锦的木机妆花织造工艺至今尚不能被现代机器所替代。

思考题

1. 简述纺织类非物质文化遗产的价值构成。
2. 简述纺织类非物质文化遗产的遗产性价值。
3. 简述纺织类非物质文化遗产的价值内涵。

实践题

选取某一项纺织类非物质文化遗产进行调研，体会纺织类非物质文化遗产所体现的价值。

第三章

纺织类非物质文化遗产保护的法律机制

本章主要内容

本章主要从法律层面介绍了非物质文化遗产立法的目的、国际条约对非物质文化遗产的保护规定以及法律趋势、我国非物质文化遗产保护的立法实践，并从文化和传承人两个角度梳理了非物质文化立法的国内、国际相关现状。

第一节 非物质文化遗产立法保护的意义

一、有利于保护和继承中华民族优秀传统文化

非物质文化遗产是人们曾经创新使用并延续至今的，具有非常高的历史文化价值。非物质文化遗产之所以被作为特殊的单独立法对象，究其原因还在于它作为历史性成果的稀缺性，稀缺也就意味着非常少或无法再生、无法替代。有些非物质遗产属于濒危性文化遗产，它们正面临着消失的危险。比如，某一物品因为其自身特点或因保存不当、使用不当而面临消失、毁灭；某一种文学形式、民间流行传说等，因为掌握者稀少而面临着失传，也属于濒危性文化遗产。非物质文化遗产立法对于保护此类稀缺性和濒危性文化遗产显得极为重要。

从继承传统文化角度看，《中华人民共和国非物质文化遗产法》（简称《非物质文化遗产法》）也说明了这一点，其第三条显示，非物质文化遗产的价值在于，它"体现中华民族优秀传统文化，具有历史、文学、艺术、科学价值"。单纯从文字上解读，文化遗产具有历史、文学、艺术、科学、纪念、教育乃至实用性等多方面的功能与价值。这里面最为重要的莫过于其历史价值。不论哪个国家、哪个民族，如果没有文化哪有历史可言，正是有了民族文化的传承，我们中华民族的历史才如此璀璨，历史价值同时也成了文化价值的核心。

随着全球化、经济一体化的愈发猛烈，中华民族的传统文化受到了一定程度的冲击，一些民间文化、传统技艺、手工艺濒临失传或已经失传。例如，傣族油纸伞制作工艺随着最后一位传承人坎温的去世，这门技艺彻底失传了；贵州白兴村的枫香染极其精美，但因为枫香油的稀有和传承人数量的缺失，无论他们的手艺有多么精湛，不管这些制品有多么精美，却要永远从这个世界消失了。这些消失的民族技艺和文化不仅代表一门技艺的消失，更是一种文化和历史的消失，文化是由人创造出来的，传统文化更是需要人来守护、需要人来传承，而传统文化、民族文化的传承是需要时间去打磨的，是需要精力去钻研的，这也是保护和传承中华传统文化面临的困难。因此，靠立法手段保护我国传统文化显得尤为重要，不仅从保护角度制定相应的法律法规，同样对传承人的利益和义务也做了说明。基于国家法律，各地也出台了相应的法律法规、传承活动，对于继承和发扬这种传统文化也是一种文化记忆的推动，对人类文化的积淀和对文化的继承创新都起到了保护作用。这些非物质文化遗产文化，其本身是不可替代的，在法律的保护下可以走得更长久，对传统文化的促进发展也起到了保驾护航的作用。

在保护和传承中华传统文化方面，传承人的作用是非常大的。众所周知，传承人在非物质文化遗产的保护上起到了主体的作用，是非物质文化遗产得以保护、传承、开发、利用的核心所在。"非物质文化遗产法"对于保护传承人也做了相应的立法要求，如图3-1所示。

在传承人立法中，不仅包括传承人的权利也包括传承人的义务，如图3-2所示。

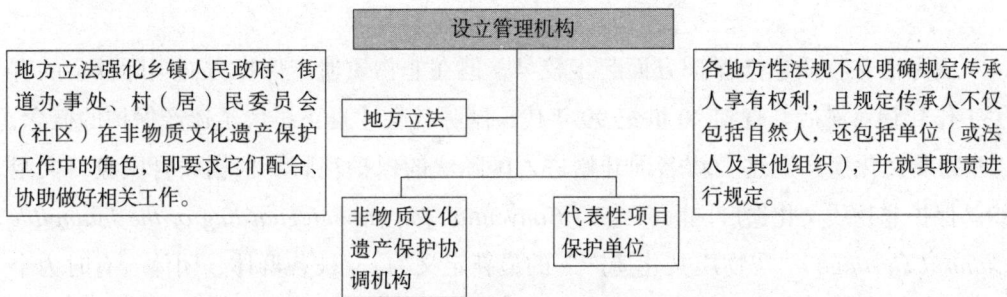

图3-1 传承人立法要求

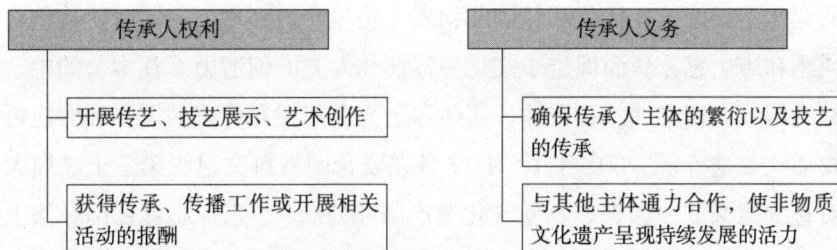

图3-2 传承人的权利和义务

二、有利于完善中国特色社会主义法律体系

《非物质文化遗产法》是我国文化建设法律化的具体体现，是加强文化立法的重要步骤，是文化领域继《文物保护法》之后又一部重要法律，是完善中国特色社会主义法律体系的重要组成部分，对建设中国特色社会主义文化具有重大意义，这表明我国非物质文化遗产保护进入了有法可依、有章可循的利好阶段。

法律法规是通过强制性的法律约束，在约定范围内规范社会中人与人之间、机构与人之间、机构与机构之间的关系，从而确立一定的社会秩序，保证非物质文化遗产得以传承和发展。法律法规机制是所有保障制度的法律依据和基础，其他保障制度必须在遵循法律法规的前提下制定和推行。

文化建设离不开社会主义核心价值观的引领，社会主义核心价值观的弘扬离不开文化法律制度的保障。推动社会主义核心价值观入法入规是中国特色社会主义制度建设的重要内容，《非物质文化遗产法》的出台表明，当前的文化法治建设在推动社会主义核心价值观入法入规上已取得明显成效，作为繁荣发展社会主义先进文化的重要制度，从完善法律体系的角度来推动社会主义核心价值观入法入规能够统一立法的价值导向、协调不同层级立法之间的关系、弥补现有立法存在盲区和滞后的不足，对建设中国特色社会主义法治体系具有里程碑意义。

第二节　国际条约对非物质文化遗产的保护规定

国际法在物质遗产保护方面起步较早，但在非物质遗产保护方面国际社会的有关工作却相对滞后。直到 20 世纪 90 年代，国际社会才真正扩大了遗产保护的概念，"非物质文化遗产"这个新名词开始进入国际法的保护视野。根据联合国教科文组织《保护非物质文化遗产国际公约》（*Convention for the Safeguarding of the Intangible Cultural Hertiage*）"非物质文化遗产"的最新定义为："被各群体、团体、有时为个人视为其文化遗产的各种实践、表演、表现形式、知识和技能及其有关的工具、实物、工艺品和文化场所。各个群体和团体随着其所处环境、与自然界的相互关系和历史条件的变化不断使这种代代相传的非物质文化遗产得到创新，同时使他们自己具有一种认同感和历史感，从而促进了文化多样性和人类的创造力。在本公约中，只考虑符合现有的国际人权文件，各群体、团体和个人之间相互尊重的需要和顺应可持续发展的非物质文化遗产。"2003 年 10 月 17 日在联合国教科文组织第三十二届大会上通过了具有重要意义的《保护非物质文化遗产国际公约》。它标志着在国际法上一个全球统一的人类非物质文化遗产保护观念正式形成，同时也将国际法和各国国内法有机地结合起来，极大地促进了人类非物质文化遗产的保护，同样，这些也适用于纺织类非物质文化遗产的保护。

一、非物质文化遗产保护的国际条约

国际上非物质文化遗产保护的组织主要有世界知识产权组织（WIPO）、世界贸易组织（WTO）、联合国教科文组织（UNESCO）等，这些主体都制定了一系列国际条约和文件，从不同方面对非物质文化遗产进行保护。这些文件主要有：《知识产权协定》（以下简称"TRIPS 协议"）、《保护文学艺术作品伯尔尼公约》（以下简称"伯尔尼公约"）、《发展中国家突尼斯版权示范法》（以下简称"《版权示范法》"）、《保护民间文学表达形式、防止不正当利用及其他侵害行为国内法示范法条》（以下简称《示范法条》）、《保护世界文化和自然遗产公约》、《保护非物质文化遗产公约》和《保护和促进文化多样性公约》。

知识产权保护是世界贸易组织主要负责的领域之一，《知识产权协定》是世界贸易组织所覆盖的国际条约中的一个重要组成部分。TRIPS 协定主要侧重于保护发达国家的知识产权利益，但是在这个协议中并没有直接规定关于传统文化或者非物质文化遗产的法律保护，传统文化或非物质文化遗产显然也不符合 TRIPS 协议中规定的保护客体的特征。TRIPS 协定为发达国家建立了知识产权保护制度。在这种模式之下，某些发达国家在推行其文化霸权主义的同时，垄断了全世界领先的知识产权技术，这势必会对发展中国家造成不公，拉大发达国家与发展中国家之间的知识产权差距。最重要的是，由于发达国家掌握了全世界最先进的技术、资源和人才，发展中国家很难在短时间内实现知识产权的飞跃性进步，这导致发展中国家不得不以高昂的成本从发达国家引进先进技术。

《建立非洲知识产权—马尔加什工业产权局协定及建立非洲知识产权组织的协定》（以下简称"《班吉协定》"）是一个区域性的国际条约，旨在保护民间文学艺术。该条约认为群体应当成为民间文学艺术作品的主体，并且对民间文学艺术作品做出了详细而又宽泛的分类，区别了"民间文学艺术"与"民间文学艺术表达"这两个概念，并且将其纳入不同版权保护体系。该协定在"跨国版权法"和"工业产权"这两个领域为民间文学艺术的保护做出了重要贡献，为国际民间文学艺术作品保护的制度设计提供了重要参考。

UNESCO 制定的《保护非物质文化遗产公约》是非物质文化遗产保护最重要的国际性文件，该文件为非物质文化遗产提供了国际保护制度框架，也为各国制定其本国的非物质文化遗产立法提供了制度架构。该公约确定了非物质文化遗产的概念和分类，从国家和国际两个层面出发制定了一系列保护措施，创设了非物质文化遗产的保护制度和监督制度。许多国家在加入该公约之后都以该公约为蓝本制定本国的非物质文化遗产保护法律法规。

WIPO 和 UNESCO 在非物质文化遗产的保护方面付诸很多努力。1967 年，WIPO 主持修订了《伯尔尼公约》，《伯尔尼公约》虽然没有明确指出"作者的身份不明"的作品应当如何认定，但是却规定了国家对于这种作品的管辖权，为各国制定保护其本国的非物质文化遗产的法律法规提供了重要依据。1976 年，《版权示范法》提出"民间文学艺术"的解释得到 WIPO 的认可，这对国际非物质文化遗产的法律保护来说是一次重大进步。

1982 年，WIPO 和 UNESCO 又制定了《示范法条》，该文件第二条规定了民间文学表达形式。《示范法条》对民间文学主张不同于现代著作权法的权利保护模式，提出"特别权利"保护模式，主张从保护对象、授权使用、注明出处和其他权利保护的关系这几个方面保护民间文学。这个条约为世界各国制定其本国的非物质文化遗产法律提供了很好的立法方向。

二、联合国教科文组织对非物质文化遗产的保护规定

有关非物质文化遗产保护的文件，主要由联合国教科文组织拟订并颁布，具体情况见表 3-1。

表 3-1 联合国教科文组织对非物质文化遗产保护的相关规定

年份	联合国教科文组织拟定和颁布的情况
1977	文化遗产的界定
1989	《保护传统文化与民间传作的建议案》
1993	《在教科文组织建立"活的文化财产"（活的人类财富）制度》
1997	《人类口头与非物质文化遗产代表作宣言》
1998	《总干事关于选择应由教科文组织宣布为人类口头和无形文化遗产代表作的文化场所或文化表现形式的具体标准的报告》
2001	《世界文化多样性宣言》
2002	《伊斯坦布尔宣言》
2003	《保护非物质文化遗产公约》
2005	公布第三批人类口头和非物质遗产代表作项目
2006	"保护非物质文化遗产政府间委员会"首届会议
2007	《联合国土著人民权利宣言》
2008	《实施＜保护非物质文化遗产公约＞的操作指南》
2000	《世界文化报告—文化的多样性、冲突与多元共存》
2014	《性别平等：遗传和创造力》
2015	《保护非物质文化遗产伦理原则》

2004 年 3 月，阿尔及利亚成为第一个批准《保护非物质文化遗产国际公约》的国家，迄今为止 175 个国家加入公约，中国于 2004 年批准了这个公约。

三、世界知识产权与非物质文化遗产保护

1793 年，《专利法》起草者杰斐逊提出了"创造性应当得到慷慨的奖励"的观点，从此也可看出知识产权制度创设的目的。非物质文化遗产具有创造性等特征，具有最接近的适应性，符合知识产权保护的要求，应当得到知识产权的保护。知识产权法的主体功能体现为保护智力成果完成人的合法权益，促进人们积极从事科研与文学创作，提高创作者的积极性与创造性，为成果的推广与传播提供法律保障，为走入国际舞台促进文化交流提供法律保护。现今，国际社会越来越注重法律的保护，知识产权在非物质文化遗产保护工作中得到了广泛应用，如图 3-3 所示。

此外，已有 50 多个国家的民间非物质文化被列入版权法或者地区性版权条约，其中绝大多数都是非洲国家，如 1977 年的非洲知识产权组织《班吉协定》的参加国等，且知识产权保护证书自动在表 3-2 所列参加国生效。

◎ 1998 年联合国教科文组织通过决议，设立非物质文化遗产评选

◎ 2000 年联合国教科文组织开展了"人类口头及非物质遗产"评估

◎ 2003 年 10 月通过了《保护非物质文化遗产公约》

◎ 2000 年世界知识产权组织成立了"知识产权与遗产资源、传统知识和民间文艺保护政府间委员会"

图 3-3　知识产权保护非物质文化遗产的应用情况

表 3-2　《班吉协定》知识产权证书自动生效国家名称

知识产权保护证书自动生效国家				
贝宁	布基纳法索	喀麦隆	中非	刚果
科特迪瓦	加蓬	几内亚	几内亚比绍	赤道几内亚
马里	毛里塔尼亚	尼日尔	塞内加尔	乍得
多哥				

目前，与保护民间文学艺术品有关的版权法有《突尼斯文学艺术产权法》《安哥拉作者权法》《多哥版权、民间与邻接权法》《巴拿马版权法》等。我国的《著作权法》《商标权法》《专利权法》等也对非物质文化遗产的保护起了非常重要的作用。现今，已有的知识产权制度，包括版权和邻接权、专利权、不正当竞争和商业秘密、外观设计、商标和地理标志，可以在某种情形下发挥保护非物质文化遗产的作用，虽然将非物质文化遗产的保护包含在知识产权制度中存在一定难度，但是必要时也可参照使用，在法律层面也达到了一定程度的妥协。这种结论并不是凭空而得的，2000 年世界知识产权组织（WIPO）成立了"知识产权与遗传资源、传统知识和民间文艺保护政府间委员会"（IGC），专门就非物质文化遗产的知识产权保护问题进行了讨论，大会最后得出的结论是：知识产权制度保护非物质文化遗产具有合理性。结合实际举例，非物质文化遗产中的创作者可以取得著作权对其创作的传统作品进行保护。同理，对于整理、注释、翻译少数民族作品或故事传说等的作品一样享受著作权的保护。因此，在保护非物质文化遗产中使用知识产权制度是存在可能性和可实施性的。对此一些国家也制定了相应的法律法规，例如，泰国制定了《传统泰医药知识产权保护法》，我国的《专利法》在第三次修订中也专门对遗产资源的专利部分问题做了规定。

四、发达国家关于保护非物质文化遗产的立法

1. 日本对文化财的法律保护

日本《文化财保护法》对全世界非物质文化遗产的法律保护做出了重要贡献。日

本是非物质文化遗产法律保护的先驱，为世界各国的非物质文化遗产保护法律体系构建提供了许多有意义的启示。这部法律总共有七章18条附则，其保护范围涵盖了有形文化财和无形文化财，将文化财分五类，制定了如下几种制度：

（1）指定制度。包括个别认定制度、综合认定制度、团体认定制度。该制度确定了无形文化财的主体认定和权利归属。

（2）登录制度。该制度确定了文化财的资格认定方式，即进行确定登记，用法律法规进行保护。这部法律还确定了文化财保护机构，在中央和地方都设置了文化财产保护审议会，国家机关是文化厅，还专门设立行政法人和国家特殊法人，这两个机构也是该法规定的文化遗产保护主体。《文化财保护法》全面地将物质文化遗产与非物质文化遗产的法律保护囊括在内，对文化遗产的分类合理清晰，权利主体认定明确。"人间国宝"是日本对非物质文化遗产传承人的美誉，将其列入文化财并且加以确认，国家每年给予传承人财政支持，传承人赢得了全社会的尊重，提升了他们的社会地位，解决了传承人才断代问题，促进了日本本国的文化传承。日本的《文化财保护法》对很多国家非物质文化遗产的法律保护体系的构建具有重要意义，我国2011年通过的《非物质文化遗产法》在一定程度上借鉴了这部法律。

2. 澳大利亚对非物质文化遗产的法律保护

澳大利亚尤其注重对原住民非物质文化遗产的保护。澳大利亚是一个联邦制国家，对非物质文化遗产的法律保护也是从联邦和各州这两个层级同时进行，政府作为主要保护机构，部长是联邦政府和州政府专门负责保护文化遗产的主要负责人，联邦设有交流、信息技术和艺术部、遗产理事会，其他各部门在其职权范围内按照法律规定保护本国文化遗产。

3. 韩国文化财保护法

韩国制定了《文化财保护法》。该部法律对文化财的分类与日本类似，将文化财分为有形文化财和无形文化财。中央文化财保护主管机关是文化财厅和文化财委员会，地方文化财的保护主要依靠地方政府。与日本的作法类似，韩国实行了"人间国宝"工程，该工程旨在保护非物质文化遗产传承人并且授予其"人间活珍宝"的荣誉称号，同时还确定了传承人的责任和义务。对于有关无形文化财演出等各种活动，国家给予资金支持。

4. 美国对民间文化的法律保护

《美国民俗保护法案》主要是为了保护美国的民间文化而设立的。该法案成立了美国民俗中心和两个传统文化保护基金会，通过研究项目、文件记录、档案保存、现场演出、展览、公共项目、培训等保持并且展示美国的民俗。美国民俗中心还包括国会图书馆和民俗文化档案馆，后者建立于1928年，作为美国民俗音乐的储存处。美国政府还负责管理史密森民俗与文化遗产中心，促进国内外民间文化的传承和交流。1990年美国修订了1935年通过的《印第安人艺术与工艺法》，传统与现代艺术是这部法案的保护对象，设立联邦印第安艺术以及手工艺品管理局。尽管这部法律不涉及知识产权制度，但是仍然创设与印第安文化相关的商标权，禁止销售冒充印第安传统手工艺作品。《美国原住民部落官方徽章资料库》的设立旨在增强商标的识别度，保护本国知识产权，防止本国传统文化商标被他人恶意注册。

5. 英国对非物质文化遗产的法律保护

英国作为判例法国家，对非物质文化遗产的保护主要是通过制定单行立法的模式，例如，1988 年和 1990 年相继颁布了《苏格兰威士忌》和《苏格兰威士忌（北爱尔兰）条例》，2009 年颁布的《苏格兰威士忌条例》取代之前针对苏格兰威士忌的立法。苏格兰作为英国传统文化的典型代表，象征了古代英国部落、家族乃至军队的精神气质，为了保护英国格子，英国相继出台了《格子苏格兰注册法案》《格子苏格兰注册法案（后续修订条款）规则 2010》。

我国非物质文化遗产种类繁多，对于不便于通过同一部法律保护的特殊种类的非物质文化遗产，可以借鉴英国的单行立法模式专门制定某一类非物质文化遗产的单行立法。

6. 法国对非物质文化遗产的法律保护

法国虽然没有制定专门的非物质文化遗产保护法律，但是这并不影响法国对其非物质文化遗产的保护。因为非物质文化遗产具有依附性，通过保护其所依附的文化遗产及其生存环境，也就实现了保护非物质文化遗产的目的。中央和地方政府、社团和咨询机构文化遗产委员会是法国主要的文化遗产保护管理主体。中央设有文化部，文化部下设文化司，文化司又下设一系列文化遗产保护的职能管理部门，地方机构负责执行中央决策。法国还设立了"文化遗产日"，将很多文化遗产古迹免费开放，举办各种活动，向公民展示本国文化遗产，加强公众对本国文化遗产的了解和认知。

第三节　我国非物质文化遗产保护的立法实践

一、国家层面

1.《中华人民共和国非物质文化遗产法》的设立

1982 年，全国人民代表大会常务委员会公布施行的《中华人民共和国文物保护法》第二条规定："下列具有历史、艺术、科学价值的文物，受国家保护：具有历史、艺术、科学价值的古文化遗址、古墓葬、古建筑、石窟寺和石刻；与重大历史事件、革命运动和著名人物有关的，具有重要纪念意义、教育意义和史料价值的建筑物、遗址、纪念物；历史上各时代珍贵的艺术品、工艺美术品；重要的革命文献资料以及具有历史、艺术、科学价值的手稿、古旧图书资料等；反映历史上各时代、各民族社会制度、社会生产、社会生活的代表性实物。"这部法律以有形的文化遗产为主要保护对象，但其中一些内容也涉及非物质文化遗产的保护，例如一些"实物""文化场所"等，同时具有物质文化的特性和非物质文化的特性。

1984 年 5 月 31 日，第六届全国人民代表大会第二次会议通过的《民族区域自治法》第三十八条明确规定："民族自治地方的自治机关自主地发展具有民族形式和民族特点的文学、艺术、新闻、出版、广播、电影、电视等民族文化事业，加大对文化事业的投入，加强文化设施建设，加快各项文化事业的发展。""民族自治地方的自治机关组织、支持有关单位和部门收集、整理、翻译和出版民族历史文化书籍，保护民族的名胜古迹、珍贵文物和其他重要历史文化遗产，继承和发展优秀的民族传统文化。"这是第一次用法律形式提出民族文化特别是少数民族文化中非物质文化遗产保护问题。

但是我国文物保护法并不全面，很多无形文化遗产并未包含其中，文物保护法中涉及的少数民族非物质文化遗产也并不全面，且未涉及相应的保护措施，相关法律法规的完善是进一步推进非物质文化遗产保护工作的基础。

我国政府依据联合国《保护非物质文化遗产国际公约》，从 1998 年开始，全国人大、文化部（现"文化和旅游部"）等相关部门开始有关专题调研。在党中央、国务院的领导下，在全国人大、国务院法制办、文化部等部门的共同努力下，《中华人民共和国非物质文化遗产法》（简称《非物质文化遗产法》）在 2011 年 2 月 25 日经全国人大第十九次会议审议通过，2011 年 6 月 1 日起施行，这部法律的制定标志着我国非物质文化遗产保护走上有法可依的道路，是历史性的转变。

《非物质文化遗产法》共分为六章 45 条，在进行非物质文化遗产项目普查的基础上，建立了项目名录体系，成立了各级非物质文化遗产保护中心，设立了非物质文化遗产保护专项基金，审批了代表性传承人，为非物质文化遗产保护工作建立起了有效的实体机制。

2. 我国非物质文化遗产的立法保护发展历程

我国非物质文化遗产的立法保护是从地方层面开始发展起来的。20 世纪 90 年代始，宁夏、江苏、北京等地先后制定了相应的地方性法规，云南、贵州、福建等地也就非物质文化遗产文化保护制定了民族文化保护条例。这些地方性法规为后来国家制定《非物质文化遗产法》奠定了坚实的基础，我国非物质文化遗产的立法保护发展历程见表 3-3。

表 3-3　我国非物质文化遗产的立法保护发展历程

时间	法律法规	作用
1990 年	《中华人民共和国著作权法》	为民间文学艺术作品的著作权以及有关的权益保护提供了法律依据

时间	法律法规	作用
1997 年 5 月	《传统工艺美术保护条例》	为传统工艺美术的保护提供了法律依据
2003 年 11 月	《中华人民共和国民族民间传统文化保护法（草案）》	确定了民族民间文化遗产在我国社会文化生活中的法律地位
2006 年 12 月 1 日施行	《国家级非物质文化遗产保护与管理暂行办法》	对国家级非物质文化遗产项目保护单位及代表性传承人的认定标准、基本条件、有关权利和义务及管理措施做出了具体规定
2008 年 6 月 14 日施行	《国家级非物质文化遗产项目代表性传承人认定与管理暂行办法》	确定了国家级非物质文化遗产项目代表性传承人的认定原则、条件、程序、权利、义务、资助和取消代表性传承人资格的办法
2011 年 6 月 1 日	《中华人民共和国非物质文化遗产法》	标志着我国非物质文化遗产保护全面上升为国家意志，非物质文化遗产保护工作由此真正进入有法可依的阶段
2016 年 9 月	"文化和自然遗产日"	凸显了文化和自然遗产保护事业在国民经济与社会发展中的重要作用
2017 年 2 月	《关于实施中华优秀传统文化传承发展工程的意见》	对于传承中华文脉、全面提升人民群众文化素养、维护国家文化安全、增强国家文化软实力具有重要意义
2021 年 3 月	"十四五"规划纲要	强化重要文化和自然遗产、非物质文化遗产系统性保护

2011 年 6 月《非物质文化遗产法》正式执行以来，很多地区也根据自身非物质文化遗产情况的特点制定了地方性的非物质文化遗产保护条例。截至目前，已出台地方非物质文化遗产保护条例的地区有 33 个（自治区、直辖市），这标志着从国家层面到地方层面的多层次、全方位的立法体系已初步形成，如图 3-4 所示。

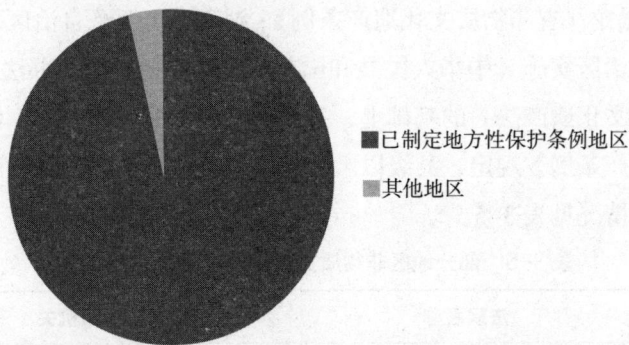

■ 已制定地方性保护条例地区

■ 其他地区

图 3-4　地方性非物质文化遗产保护条例颁布比例

二、地方层面

地方对于非物质文化遗产的专项立法是对我国《非物质文化遗产法》的补充。各省、市、自治区非物质文化遗产的种类不同，特点也不同，相应采取的保护措施和保护手段也应当不同，如果照搬国家制定的《非物质文化遗产法》，那么势必会出现一些问题。首先国家的立法是从宏观层面制定的，其次国家的立法在详细的法律条文约束中缺乏客观的指导性和针对性。因此，除了较为宏观的《非物质文化遗产法》之外，很多地区也结合自身情况，制定了更加细化、有针对性的地方性法规进行补充。

截至 2021 年，全国共颁布的非物质文化遗产地方性法规共 109 部，其中云南省一省相关地方性法规就制定了 20 部，立法数量位居全国之首。目前，已有 33 个省（自治区、直辖市）制定了省级非物质文化遗产地方性法规，见表 3-4。

表 3-4　地方性法规制定情况

河北省	山西省	辽宁省	黑龙江省	上海市
江苏省	浙江省	安徽省	福建省	江西省
山东省	河南省	湖北省	湖南省	广东省
广西壮族自治区	重庆市	贵州省	云南省	陕西省
宁夏回族自治区	甘肃省	西藏自治区	新疆维吾尔自治区	北京市
吉林省	黑龙江省	厦门市	内蒙古自治区	天津市
海南省	青海省	湖北省		

其中，26 个省（自治区、市）的省级非物质文化遗产地方性法规是在《非物质文化遗产法》实施后制定的；江苏省、浙江省、福建省、广西壮族自治区、云南省、宁夏回族自治区和新疆维吾尔自治区 7 省（自治区）在《非物质文化遗产法》颁布前就已出台相关地方性法规（《云南省民族民间传统文化保护条例》在《云南省非物质文化遗产保护条例》出台后废止）。

省级及以上法规制定多采用"非物质文化遗产条例"形式，如《山西省非物质文化遗产条例》《黑龙江省非物质文化遗产条例》；湖南省、西藏自治区采用"办法"形式，如《西藏自治区实施〈中华人民共和国非物质文化遗产法〉办法》。部分省、自治区在《非物质文化遗产法》的基础上，补充了符合本地区的内容。例如《安徽省保护非物质文化遗产条例》规定，县级以上政府可以设立文化生态保护区等。部分地区代表性配套法规情况见表 3-5。

表 3-5　部分地区非物质文化遗产法配套法规情况

省份	法规名称	发布机关	颁布时间
河北省	《河北省非物质文化遗产条例》	河北省人大常委会	2014
山西省	《山西省非物质文化遗产条例》	山西省人大常委会	2012
辽宁省	《辽宁省非物质文化遗产条例》	辽宁省人大常委会	2014

省份	法规名称	发布机关	颁布时间
黑龙江省	《黑龙江省非物质文化遗产条例》	黑龙江省人大常委会	2016
上海市	《上海市非物质文化遗产保护条例》	上海市人大常委会	2015
江苏省	《江苏省非物质文化遗产保护条例》	江苏省人大常委会	2006
浙江省	《浙江省非物质文化遗产保护条例》	浙江省人大常委会	2007
安徽省	《安徽省非物质文化遗产条例》	安徽省人大常委会	2014
福建省	《福建省民族民间文化保护条例》	福建省人大常委会	2004
江西省	《江西省非物质文化遗产条例》	江西省人大常委会	2015
山东省	《山东省非物质文化遗产条例》	山东省人大常委会	2015
河南省	《河南省非物质文化遗产条例》	河南省人大常委会	2013
湖北省	《湖北省非物质文化遗产条例》	湖北省人大常委会	2012
湖南省	《湖南省实施＜中华人民共和国非物质文化遗产法＞办法》	湖南省人大常委会	2016
广东省	《广东省非物质文化遗产条例》	广东省人大常委会	2011
广西壮族自治区	《广西壮族自治区民族民间传统文化保护条例》	广西壮族自治区人大常委会	2005
重庆市	《重庆市非物质文化遗产条例》	重庆市人大常委会	2012
贵州省	《贵州省非物质文化遗产保护条例》	贵州省人大常委会	2012
云南省	《云南省非物质文化遗产保护条例》	云南省人大常委会	2013
西藏自治区	《西藏自治区实施＜中华人民共和国非物质文化遗产法＞办法》	西藏自治区人大常委会	2014
陕西省	《陕西省非物质文化遗产条例》	陕西省人大常委会	2014
甘肃省	《甘肃省非物质文化遗产条例》	甘肃省人大常委会	2015
宁夏回族自治区	《宁夏回族自治区非物质文化遗产保护条例》	宁夏回族自治区人大常委会	2006
新疆维吾尔自治区	《新疆维吾尔自治区非物质文化遗产保护条例》	新疆维吾尔自治区人大常委会	2008
广西壮族自治区	《广西壮族自治区非物质文化遗产保护条例》	广西壮族自治区人大常委会	2017

省份	法规名称	发布机关	颁布时间
江苏省	《常州市非物质文化遗产保护办法》	常州市政府	2018
北京	《北京市非物质文化遗产条例》	北京市人大常委会	2019
福建省	《福州市非物质文化遗产保护规定》	福州市人大常委会	2020
云南省	《怒江傈僳族自治州非物质文化遗产保护条例》	云南省人大常委会	2021
云南省	《大理白族自治州非物质文化遗产保护条例》	云南省人大常委会	2021

省级以下地方性法规，有针对民族自治地区开展整体性保护的条例，例如湖南省《新晃侗族自治县民族民间传统文化保护条例》、浙江省《景宁畲族自治县民族民间文化保护条例》、贵州省《玉屏侗族自治县民族民间文化遗产保护条例》等；也有针对具体非物质文化遗产项目的保护条例，例如新疆维吾尔自治区《新疆维吾尔自治区维吾尔木卡姆艺术保护条例》、江苏省《苏州市昆曲保护条例》、甘肃省《临夏回族自治州花儿保护条例》等。

按照《财政部、文化部关于印发〈国家非物质文化遗产保护专项资金管理办法〉的通知》（财教〔2012〕45号），国家对非物质文化遗产保护的资金是有专项支出的，以确保非物质文化遗产保护工作的顺利进行（表3-6）。

表3-6　2021年各地区非物质文化遗产保护资金预算表　　　　单位：万元

地区	总计	地区	总计
北京	1549	江西	3379
天津	734	山东（不含青岛）	3456
河北	2448	青岛	112
山西	2464	河南	2830
内蒙古	1291	湖北	3240
辽宁（不含大连）	1086	湖南	3440
大连	29	广东（不含深圳）	3379
吉林	812	深圳	57
黑龙江	722	海南	817
上海	1479	广西	1988
江苏	2747	重庆	2189
浙江（不含宁波）	3243	四川	3083
宁波	1037	贵州	3743

地区	总计	地区	总计
安徽	2534	云南	3450
福建（不含厦门）	3876	西藏	951
厦门	366	陕西	2642
甘肃	1773	宁夏	474
青海	2893	新疆	2062
		总计	72375

1. 北京市非物质文化遗产立法举措

2019 年 1 月 19 日，北京市十五届人大二次会议最后一场新闻发布会举行，会议就《北京市非物质文化遗产条例》的立法过程和本市非物质文化遗产保护的经验作法进行了经验分享。20 日，会议通过了《北京市非物质文化遗产条例》。2019 年 6 月 1 日，《北京市非物质文化遗产条例》执行实施。

基于传承北京历史文脉、建设全国文化中心的需要，对非物质文化遗产立法保护是落实首都城市战略定位的重要举措。北京拥有 3000 多年的建城史和 800 多年的建都史，非物质文化遗产极其丰富。这些非物质文化遗产展现了北京的地域特色、历史文脉，是北京历史文化的充分展现。北京市第十二次党代会报告明确了建设全国文化中心的任务，其中重要一项就是全面保护、传承、利用好北京的各类历史文化资源，包括北京丰富的非物质文化遗产资源。

非物质文化遗产起源于人民的生活，调动公众参与度，增强广大人民群众对于非物质文化遗产的兴趣和热情，对非物质文化遗产的发展有很好的促进作用。北京市推出的"非物质文化遗产进社区"，将非物质文化遗产融入社区文化生活中，在法制委员会的调研下，建议增加支持基层组织开展非物质文化遗产保护的规定，表述为："市、区人民政府及其有关部门应当支持社区将非物质文化遗产融入社区建设，打造社区特色文化。"

北京市鼓励行业协会等社会组织、项目保护单位在社区开展非物质文化遗产宣传、展示、交流等活动。

北京市鼓励将代表性保护项目纳入居民公约、自治章程、村规民约等。

2. 山东省非物质文化遗产立法举措

山东省于 2015 年 9 月 24 日颁布实施了《山东省非物质文化遗产条例》（以下简称《条例》），在法律层面保障和引领山东省非物质文化遗产保护工作进一步有序开展。山东省人大常委会在《非物质文化遗产法》基础上强化保障监督等内容，进一步健全了《非物质文化遗产法》。此外，山东省"文化生态保护区"的设立体现了鲜明的地方特色，值得全国其他地区借鉴学习。山东省还将每年的农历腊月二十三至次年二月初二定为"非物质文化遗产月"。借助农历春节氛围，集中展现传统节日活动，凸显非物质文化遗产的特色，有效提升了群众关注度，调动社会大众广泛参与，增强了社会对非物质文化遗产的认知和保护意识，有利于非物质文化遗产保护工作的后续推动。

3. 云南省地方立法举措

云南省是我国少数民族最多的省份，人口在 6000 人以上的少数民族就有 25 个之多，少数民族文化更是绚烂多彩，同时云南也是我国非物质文化遗产大省，世界级文化遗产就有 5 项。2013 年，云南省人大常委会根据国家《非物质文化遗产法》审议通过了《云南省非物质文化遗产保护条例》，并于同年 6 月 1 日起实施。《云南省非物质文化遗产保护条例》分 7 章，共 46 条，是在原有的《云南省民族民间传统文化保护条例》的基础上结合《非物质文化遗产法》进行修订、完善。该条例的最大特点是提出了"区域性整体保护"，非物质文化遗产资源集中、传统文化形式保存完好的地区可以申请成为"民族传统文化生态保护区"，由所在地县级人民政府进行管理和整体性保护。

云南省对世界自然文化遗产提出"一区一法"举措，云南省各州各市根据本地情况也相应出台了一系列条例（表3-7）。

表 3-7　云南省各部门、各州、各市立法情况统计表

序号	各部门、地区出台的相关法律条例
1	《云南省生物多样性保护条例》
2	《云南省三江并流世界自然遗产地保护条例》
3	《云南省风景名胜区条例》
4	《昆明市石林风景名胜区保护条例》
5	《云南省红河哈尼族彝族自治州哈尼梯田保护管理条例》
6	《建设迪庆香格里拉特色文化区的意见》
7	《大理民族文化大州实施意见》
8	《云南省纳西族东巴文化保护条例》
9	《纳西族纳西古乐保护管理办法》
10	《云南省民族民间传统文化保护规定》
11	《云南省民族文化保护区管理办法》
12	《云南省民族民间艺术之乡管理办法》
13	《云南省民族民间文化传承人管理办法》
14	《云南省民族民间传统文化颜危项目管理办法》

第四节　非物质文化遗产法律保护的发展趋势

一、我国非物质文化遗产立法制度的应用与发展趋势

目前，我国非物质文化遗产制度建设，主要包括法律保障机制、法规条例机制、资金保障机制、人员保障机制、管理机制、申报和评审机制、传承机制等相关保障制度，而法律法规是制度的最高形态。

非物质文化遗产是活态的，其传承核心是"人"。非物质文化遗产从最初的个人、家族、师徒传承，逐渐发展得到社区、群体的认同。为保障相关各方的利益不被损害，保证非物质文化遗产能够在自然与历史的互动中不断衍变和发展，人们自发地形成了约定俗成、习俗、行规等初级的制度形式，对某种特定的文化行为进行约束和管理，使其在不断发展和再创造的过程中创造适宜的生存环境和保障。作为文化的一种形式，非物质文化遗产在历史发展的漫长进程中不断传承与发展，这些自发的管理模式逐渐被现代社会的制度保障模式所代替，成为符合现代社会内在发展规律，具有可操作性、合理性、科学性的管理制度体系。科学完整的制度体系，能够推进社会政治、经济、文化的良性发展，从而实现社会与人的协调发展，是现代社会进步的重要体现之一。

1. 非物质文化遗产代表性项目名录制度的法律保护发展趋势

作为现代社会进步和文明标志的法律制度建设，在非物质文化遗产保护工作特别是代表性项目名录制度（以下简称"名录制度"）建设中，同样发挥着重要的作用。法律保障机制是名录制度的重要组成部分，是代表性项目名录体系建设的法律依据和法律保障，是名录保护工作的前提和基础。

《非物质文化遗产法》第三章"非物质文化遗产代表性项目名录"，是关于国务院和省级政府部门建立非物质文化遗产代表性项目名录的规定。项目名录制度是《非物质文化遗产法》的重要制度，是我国非物质文化遗产保护制度的核心，是确立我国非物质文化遗产保护的基本制度，是保护规划制定、联合国教科文组织非物质文化遗产名录制度、区域性整体保护机制、代表性传承人评定机制等相关保护制度、机制的基础。主要内容包括非物质文化遗产代表性项目的保护范畴、保护目的、申报机制、列入标准、评审机制、保护规划的制定、区域性整体保护制度、监督检查机制等相关内容。

2. 地方性非物质文化遗产代表性项目名录法律法规的发展趋势

根据《非物质文化遗产法》和《关于实施中华的优秀传统文化传承发展工程的意

见》有关规定，由国务院和省级政府建立非物质文化代表性项目名录。但《非物质文化遗产法》仅对国家级和省级非物质文化遗产代表性项目进行了相关规定，各地非物质文化遗产代表性项目名录建设的办法，由各地相关机构自行制定。地方性法律法规，是名录制度法律保障机制的重要组成部分。目前，全国已有30多个省（自治区、直辖市）及澳门特别行政区（2014年3月1日，澳门的《文化遗产保护法》开始生效），陆续出台了省级非物质文化遗产保护条例和非物质文化遗产代表性项目管理办法。

目前，各级政府有关部门依据相关的法律法规，将具有历史、文化、艺术和科学价值的，能够体现中华民族优秀传统文化的非物质文化遗产项目列入本级代表性项目名录体系，并根据保护规划利用财政经费对代表性项目进行重点支持，同时鼓励社会各界积极参与项目扶植。

国家、省、区、县四级名录体系，正在发展中不断完善。国家级非物质文化遗产项目分类也进行了调整，见表3-8。

表3-8　国家级非物质文化遗产项目分类

调整前	调整后
民间文学	民间文学
民间音乐	传统音乐
民间舞蹈	传统舞蹈
传统戏剧	传统戏剧
曲艺	曲艺
杂技与竞技	传统体育、游艺与杂技
民间美术	传统美术
传统手工技艺	传统技艺
传统医药	传统医药
民俗	民俗

截至目前，国家级非物质文化遗产代表性项目1557项，分类情况见表3-9，这些非物质文化遗产项目蕴含了中华民族的智慧结晶。

表3-9　国家级非物质文化遗产代表性项目各类别数量

项目类别	数量	项目类别	数量
民间文学类	167项	传统体育、游艺与杂技类	109项
传统音乐类	189项	传统美术类	139项
传统舞蹈类	144项	传统技艺类	287项

项目类别	数量	项目类别	数量
传统戏剧类	171 项	传统医药类	23 项
曲艺类	145 项	民俗类	183 项

截至 2021 年，国务院先后于 2006 年、2008 年、2011 年、2014 年和 2021 年公布了五批国家级非物质文化遗产代表性项目名录，各批次项目数量如图 3-5 所示。

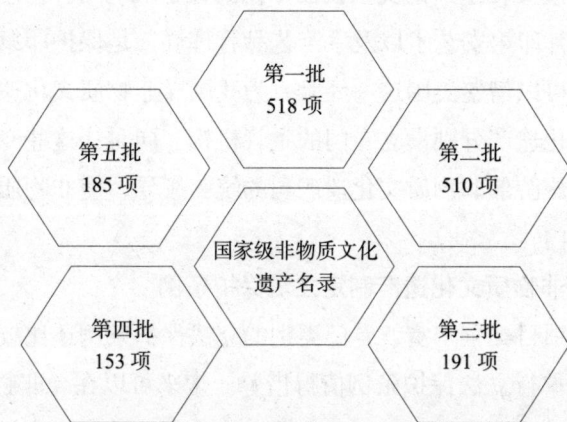

图 3-5　国家级非物质文化遗产名录各批次情况

在中央和各级政府，以及社会力量的大力支持下，很多濒危的代表性项目在传承和发展中出现的问题得到了一定程度的解决，逐渐摆脱濒危的境地，重新焕发生机与活力。

根据《非物质文化遗产法》制定的相关规定和条例表明，名录制度是实施抢救性保护、整体性保护的前提，是制定保护规划、实施保护措施以及传承人保护机制的基础。名录体系建设要有充分的法律保障，除了《非物质文化遗产法》《公约》和地方性法律法规之外，其他相关细则和条例的公布也是体系建设的根本依据和实施基础。相继颁布或修订的非物质文化遗产领域的相关保障机制，内容主要涉及制度建设、保护条例、管理机制、组织机构、资金保障机制、人员保障机制等相关机制。这些以名录体系为基础颁布的各种意见和条例，深化了名录制度的内容，加强了非物质文化遗产保护力度，拓宽了非物质文化遗产保护的范围，规范了非物质文化遗产保护方法，其目的是让中华优秀传统文化更好地传承发展。

下一步中华人民共和国文化和旅游部将按照国家总体部署，根据"十四五"规划要求，进一步加强国家级非物质文化遗产代表性项目名录建设和项目的保护管理和利用工作。持续推动非物质文化遗产融入现代生活，不断增强人民群众的参与感、获得感、认同感。主动服务和融入国家发展战略，充分发挥非物质文化遗产在促进经济发展、城乡建设、社会治理、民生改善等方面的积极作用，让非物质文化遗产成为推进经济社会高质量发展的新动能。

二、国外非物质文化遗产立法制度的实践与启示

1. 创设"人间国宝制度"

日本和韩国的"人间国宝制度"充分保障了本国非物质文化遗产传承人的相关权利和社会地位，对本国非物质文化遗产技艺和文化的传承起到关键作用。我国目前对于非物质文化遗产传承人的法律保护还有很大可以完善的空间，日本和韩国的"人间国宝制度"为我国非物质文化遗产传承人的制度构建提供了很好的借鉴。

2. 针对不同非物质文化遗产的类别设立不同的保护机构

美国设立的"联邦印第安艺术以及手工艺品管理局"是保护印第安传统手工艺作品的专门机构。我们可以借鉴美国这一经验，为我国《非物质文化遗产法》所确定的不同类别的非物质文化遗产分别设立专门的主管机构，同时让这些专门主管机构受中华人民共和国文化和旅游部非物质文化遗产司的统一领导，使非物质文化遗产的每一类别都有明确主管部门。

3. 针对不同类别非物质文化遗产制定立法保护条例

非物质文化遗产项目类别丰富，专门类别的立法保护条例还比较欠缺。英国为保护传统文化而制定的单行立法保护条例值得借鉴。未来可以在《非物质文化遗产法》的基础上进一步探究构建针对不同类别非物质文化遗产的单行立法条例，实现对非物质文化遗产的全面保护，使得每一个非物质文化遗产项目保护都有法可依。

4. 建立我国知识产权审批的预先核准程序，强制实施利益分享制度

关于非物质文化遗产知识产权审批的预先核准程序目前在我国尚未有明确立法，最高人民法院 2011 年第 18 号《关于充分发挥知识产权审判职能作用推动社会主义文化大发展大繁荣和促进经济自主协调发展若干问题的意见》仅规定了非物质文化遗产相关权利主体的惠益分享权，但是并没有要求强制实施利益分享。而印度的《生物多样法》所确定的知识产权审批的预先核准程序和强制实施利益分享制度可以为我国所借鉴，规定任何人不得以任何名义在国内外就基于申请前未经我国知识产权局事先批准而从我国获得的非物质文化遗产资源或者信息的任何发明申请知识产权，同时可规定我国知识产权局可强制实施利益分享。

知识窗

中华人民共和国非物质文化遗产法

（2011 年 2 月 25 日第十一届全国人民代表大会常务委员会第十九次会议通过）

第一章　总则

第一条　为了继承和弘扬中华民族优秀传统文化，促进社会主义精神文明建设，加强非物质文化遗产保护、保存工作，制定本法。

第二条　本法所称非物质文化遗产，是指各族人民世代相传并视为其文化遗产

组成部分的各种传统文化表现形式，以及与传统文化表现形式相关的实物和场所。包括：

（一）传统口头文学以及作为其载体的语言；

（二）传统美术、书法、音乐、舞蹈、戏剧、曲艺和杂技；

（三）传统技艺、医药和历法；

（四）传统礼仪、节庆等民俗；

（五）传统体育和游艺；

（六）其他非物质文化遗产。

属于非物质文化遗产组成部分的实物和场所，凡属文物的，适用《中华人民共和国文物保护法》的有关规定。

第三条　国家对非物质文化遗产采取认定、记录、建档等措施予以保存，对体现中华民族优秀传统文化，具有历史、文学、艺术、科学价值的非物质文化遗产采取传承、传播等措施予以保护。

第四条　保护非物质文化遗产，应当注重其真实性、整体性和传承性，有利于增强中华民族的文化认同，有利于维护国家统一和民族团结，有利于促进社会和谐和可持续发展。

第五条　使用非物质文化遗产，应当尊重其形式和内涵。禁止以歪曲、贬损等方式使用非物质文化遗产。

第六条　县级以上人民政府应当将非物质文化遗产保护、保存工作纳入本级国民经济和社会发展规划，并将保护、保存经费列入本级财政预算。

国家扶持民族地区、边远地区、贫困地区的非物质文化遗产保护、保存工作。

第七条　国务院文化主管部门负责全国非物质文化遗产的保护、保存工作；县级以上地方人民政府文化主管部门负责本行政区域内非物质文化遗产的保护、保存工作。

县级以上人民政府其他有关部门在各自职责范围内，负责有关非物质文化遗产的保护、保存工作。

第八条　县级以上人民政府应当加强对非物质文化遗产保护工作的宣传，提高全社会保护非物质文化遗产的意识。

第九条　国家鼓励和支持公民、法人和其他组织参与非物质文化遗产保护工作。

第十条　对在非物质文化遗产保护工作中做出显著贡献的组织和个人，按照国家有关规定予以表彰、奖励。

第二章　非物质文化遗产的调查

第十一条　县级以上人民政府根据非物质文化遗产保护、保存工作需要，组织非物质文化遗产调查。非物质文化遗产调查由文化主管部门负责进行。

县级以上人民政府其他有关部门可以对其工作领域内的非物质文化遗产进行

调查。

第十二条　文化主管部门和其他有关部门进行非物质文化遗产调查，应当对非物质文化遗产予以认定、记录、建档，建立健全调查信息共享机制。

文化主管部门和其他有关部门进行非物质文化遗产调查，应当收集属于非物质文化遗产组成部分的代表性实物，整理调查工作中取得的资料，并妥善保存，防止损毁、流失。其他有关部门取得的实物图片、资料复制件，应当汇交给同级文化主管部门。

第十三条　文化主管部门应当全面了解非物质文化遗产有关情况，建立非物质文化遗产档案及相关数据库。除依法应当保密的外，非物质文化遗产档案及相关数据信息应当公开，便于公众查阅。

第十四条　公民、法人和其他组织可以依法进行非物质文化遗产调查。

第十五条　境外组织或者个人在中华人民共和国境内进行非物质文化遗产调查，应当报经省、自治区、直辖市人民政府文化主管部门批准；调查在两个以上省、自治区、直辖市行政区域进行的，应当报经国务院文化主管部门批准；调查结束后，应当向批准调查的文化主管部门提交调查报告和调查中取得的实物图片、资料复制件。

境外组织在中华人民共和国境内进行非物质文化遗产调查，应当与境内非物质文化遗产学术研究机构合作进行。

第十六条　进行非物质文化遗产调查，应当征得调查对象的同意，尊重其风俗习惯，不得损害其合法权益。

第十七条　对通过调查或者其他途径发现的濒临消失的非物质文化遗产项目，县级人民政府文化主管部门应当立即予以记录并收集有关实物，或者采取其他抢救性保存措施；对需要传承的，应当采取有效措施支持传承。

第三章　非物质文化遗产代表性项目名录

第十八条　国务院建立国家级非物质文化遗产代表性项目名录，将体现中华民族优秀传统文化，具有重大历史、文学、艺术、科学价值的非物质文化遗产项目列入名录予以保护。

省、自治区、直辖市人民政府建立地方非物质文化遗产代表性项目名录，将本行政区域内体现中华民族优秀传统文化，具有历史、文学、艺术、科学价值的非物质文化遗产项目列入名录予以保护。

第十九条　省、自治区、直辖市人民政府可以从本省、自治区、直辖市非物质文化遗产代表性项目名录中向国务院文化主管部门推荐列入国家级非物质文化遗产代表性项目名录的项目。推荐时应当提交下列材料：

（一）项目介绍，包括项目的名称、历史、现状和价值；

（二）传承情况介绍，包括传承范围、传承谱系、传承人的技艺水平、传承活动的社会影响；

（三）保护要求，包括保护应当达到的目标和应当采取的措施、步骤、管理制度；

（四）有助于说明项目的视听资料等材料。

第二十条　公民、法人和其他组织认为某项非物质文化遗产体现中华民族优秀传统文化，具有重大历史、文学、艺术、科学价值的，可以向省、自治区、直辖市人民政府或者国务院文化主管部门提出列入国家级非物质文化遗产代表性项目名录的建议。

第二十一条　相同的非物质文化遗产项目，其形式和内涵在两个以上地区均保持完整的，可以同时列入国家级非物质文化遗产代表性项目名录。

第二十二条　国务院文化主管部门应当组织专家评审小组和专家评审委员会，对推荐或者建议列入国家级非物质文化遗产代表性项目名录的非物质文化遗产项目进行初评和审议。

初评意见应当经专家评审小组成员过半数通过。专家评审委员会对初评意见进行审议，提出审议意见。

评审工作应当遵循公开、公平、公正的原则。

第二十三条　国务院文化主管部门应当将拟列入国家级非物质文化遗产代表性项目名录的项目予以公示，征求公众意见。公示时间不得少于二十日。

第二十四条　国务院文化主管部门根据专家评审委员会的审议意见和公示结果，拟订国家级非物质文化遗产代表性项目名录，报国务院批准、公布。

第二十五条　国务院文化主管部门应当组织制定保护规划，对国家级非物质文化遗产代表性项目予以保护。

省、自治区、直辖市人民政府文化主管部门应当组织制定保护规划，对本级人民政府批准公布的地方非物质文化遗产代表性项目予以保护。

制定非物质文化遗产代表性项目保护规划，应当对濒临消失的非物质文化遗产代表性项目予以重点保护。

第二十六条　对非物质文化遗产代表性项目集中、特色鲜明、形式和内涵保持完整的特定区域，当地文化主管部门可以制定专项保护规划，报经本级人民政府批准后，实行区域性整体保护。确定对非物质文化遗产实行区域性整体保护，应当尊重当地居民的意愿，并保护属于非物质文化遗产组成部分的实物和场所，避免遭受破坏。

实行区域性整体保护涉及非物质文化遗产集中地村镇或者街区空间规划的，应当由当地城乡规划主管部门依据相关法规制定专项保护规划。

第二十七条　国务院文化主管部门和省、自治区、直辖市人民政府文化主管部门应当对非物质文化遗产代表性项目保护规划的实施情况进行监督检查；发现保护规划未能有效实施的，应当及时纠正、处理。

第四章　非物质文化遗产的传承与传播

第二十八条　国家鼓励和支持开展非物质文化遗产代表性项目的传承、传播。

第二十九条 国务院文化主管部门和省、自治区、直辖市人民政府文化主管部门对本级人民政府批准公布的非物质文化遗产代表性项目，可以认定代表性传承人。

非物质文化遗产代表性项目的代表性传承人应当符合下列条件：

（一）熟练掌握其传承的非物质文化遗产；

（二）在特定领域内具有代表性，并在一定区域内具有较大影响；

（三）积极开展传承活动。

认定非物质文化遗产代表性项目的代表性传承人，应当参照执行本法有关非物质文化遗产代表性项目评审的规定，并将所认定的代表性传承人名单予以公布。

第三十条 县级以上人民政府文化主管部门根据需要，采取下列措施，支持非物质文化遗产代表性项目的代表性传承人开展传承、传播活动：

（一）提供必要的传承场所；

（二）提供必要的经费资助其开展授徒、传艺、交流等活动；

（三）支持其参与社会公益性活动；

（四）支持其开展传承、传播活动的其他措施。

第三十一条 非物质文化遗产代表性项目的代表性传承人应当履行下列义务：

（一）开展传承活动，培养后继人才；

（二）妥善保存相关的实物、资料；

（三）配合文化主管部门和其他有关部门进行非物质文化遗产调查；

（四）参与非物质文化遗产公益性宣传。

非物质文化遗产代表性项目的代表性传承人无正当理由不履行前款规定义务的，文化主管部门可以取消其代表性传承人资格，重新认定该项目的代表性传承人；丧失传承能力的，文化主管部门可以重新认定该项目的代表性传承人。

第三十二条 县级以上人民政府应当结合实际情况，采取有效措施，组织文化主管部门和其他有关部门宣传、展示非物质文化遗产代表性项目。

第三十三条 国家鼓励开展与非物质文化遗产有关的科学技术研究和非物质文化遗产保护、保存方法研究，鼓励开展非物质文化遗产的记录和非物质文化遗产代表性项目的整理、出版等活动。

第三十四条 学校应当按照国务院教育主管部门的规定，开展相关的非物质文化遗产教育。

新闻媒体应当开展非物质文化遗产代表性项目的宣传，普及非物质文化遗产知识。

第三十五条 图书馆、文化馆、博物馆、科技馆等公共文化机构和非物质文化遗产学术研究机构、保护机构以及利用财政性资金举办的文艺表演团体、演出场所经营单位等，应当根据各自业务范围，开展非物质文化遗产的整理、研究、学术交流和非物质文化遗产代表性项目的宣传、展示。

第三十六条　国家鼓励和支持公民、法人和其他组织依法设立非物质文化遗产展示场所和传承场所，展示和传承非物质文化遗产代表性项目。

第三十七条　国家鼓励和支持发挥非物质文化遗产资源的特殊优势，在有效保护的基础上，合理利用非物质文化遗产代表性项目开发具有地方、民族特色和市场潜力的文化产品和文化服务。

开发利用非物质文化遗产代表性项目的，应当支持代表性传承人开展传承活动，保护属于该项目组成部分的实物和场所。

县级以上地方人民政府应当对合理利用非物质文化遗产代表性项目的单位予以扶持。单位合理利用非物质文化遗产代表性项目的，依法享受国家规定的税收优惠。

第五章　法律责任

第三十八条　文化主管部门和其他有关部门的工作人员在非物质文化遗产保护、保存工作中玩忽职守、滥用职权、徇私舞弊的，依法给予处分。

第三十九条　文化主管部门和其他有关部门的工作人员进行非物质文化遗产调查时侵犯调查对象风俗习惯，造成严重后果的，依法给予处分。

第四十条　违反本法规定，破坏属于非物质文化遗产组成部分的实物和场所的，依法承担民事责任；构成违反治安管理行为的，依法给予治安管理处罚。

第四十一条　境外组织违反本法第十五条规定的，由文化主管部门责令改正，给予警告，没收违法所得及调查中取得的实物、资料；情节严重的，并处十万元以上五十万元以下的罚款。

境外个人违反本法第十五条第一款规定的，由文化主管部门责令改正，给予警告，没收违法所得及调查中取得的实物、资料；情节严重的，并处一万元以上五万元以下的罚款。

第四十二条　违反本法规定，构成犯罪的，依法追究刑事责任。

第六章　附则

第四十三条　建立地方非物质文化遗产代表性项目名录的办法，由省、自治区、直辖市参照本法有关规定制定。

第四十四条　使用非物质文化遗产涉及知识产权的，适用有关法律、行政法规的规定。

对传统医药、传统工艺美术等的保护，其他法律、行政法规另有规定的，依照其规定。

第四十五条　本法自 2011 年 6 月 1 日起施行。

法国文化遗产日

"文化遗产日"也是法国人的首创。每年 9 月的第三个周末，所有博物馆向公众敞开大门，公立博物馆免门票，私立博物馆门票降价。遗产日的前几天，法国文化部和各省的文化机构都会列出一个参观名录向公众推荐，全国参观点多达 1 万多个。在法国"文化遗产日"活动的影响下，欧洲文化遗产保护活动也蓬勃地开展起来。

意大利——丰厚的文化遗产

意大利拥有全世界大约 60% 的历史、考古及艺术资源，全世界 4% 的历史艺术品，也是拥有 37 处世界遗产的遗产大国。作为希腊文化的重地、罗马文明的中心、天主教的核心、文艺复兴的策源地，意大利境内保存下来的文物，许多都是来自各种源流的文化遗产中的经典之作。共有 3 万座古建筑、10 万座古教堂（其中 3 万座具有很高文物价值）、1500 个古修道院、4 万多个古堡、近 4 万个古庭园、900 个保持较好的古城历史中心区、4 万个博物馆、3 万个历史图书档案馆，还有大量散布于全国各地的历史遗迹。这些文化遗产，几乎每一处都承载着一段历史、蕴涵着古老的文明。

中国首届非物质文化遗产节

2007 年 5 月 23 日~6 月 10 日，经国务院批准，由文化部（现"中华人民共和国文化和旅游部"）、四川省政府主办，成都市政府、省文化厅和中国非物质文化遗产保护中心承办的首届中国成都国际非物质文化遗产节（简称"非物质文化遗产节"），5 月 23 日在成都盛大开幕。这是我国也是世界上为非物质文化遗产保护举办的第一个国际性节庆活动，"非物质文化遗产节"不仅是中国的第一，而且是世界的第一。"非物质文化遗产节"围绕"传承民族文化，沟通人类文明，共建和谐世界"的主题展开。

思考题

1. 如何理解非物质文化遗产在"非物质文化遗产法"的保护下可以走得更长久？
2. 以我国某一地方非物质文化遗产立法为例，说明地方立法的创新性。
3. 我国非物质文化遗产法借鉴的国外立法有哪些？又有哪些特色？

实践题

选取某一个地区，调研纺织类非物质文化遗产立法情况并分析其发展趋势。

第四章

纺织类非物质文化遗产的调查与采录

本章主要内容

本章主要介绍非物质文化遗产的调查和采录的原则、常用的基本方法以及传统美术类、传统技艺类和民俗类纺织类非物质文化遗产调查和采录的要点。

对非物质文化遗产的保护，需要有民族的视角，同时还需要有人类学的视角。站在人类学的角度，了解和保护每个民族的非物质文化遗产，有利于让非物质文化遗产保护工作的意义更加广泛、更加长久、更加深刻。

第一节 调查采录的原则与方法

一、调查采录的原则

1. 客观性原则

客观性原则是指在开展纺织类非物质文化遗产调查时，调查者应该首先了解纺织类非物质文化遗产的起源和发展，一定要立足事实，照实记录、采集、分析以及使用相关材料。调查者在开展调查计划时，对所调查的遗产项目不应有任何成见，收集资料时更不得带入个人主观倾向，对纺织类非物质文化遗产调查的客观事实不可有任意的增减或是歪曲，这是进行相关调查的基本原则。

2. 实证性原则

实证性原则指调查研究得出的纺织类非物质文化遗产的结论和与此联系的一切观点，都必须要有真实、可行的资料去充分支持。在调查研究纺织类非物质文化遗产中贯彻实证性原则主要表现在：一调查报告要用资料、数据作为依据，观点、意见、建议等不可凭空猜想；二调查所产生的结论必须要来自调查材料，真实可行，而且要避免以偏概全，以局部的、零散的材料说明总体、全面的情况；三尽量使用定量资料阐述观点。在调查过程中要坚持对纺织类非物质文化遗产调查材料使用定性和定量相结合的分析。在实施具体步骤时，不能使用"也许""大概""差不多"等模糊性词语。只有把定性分析和定量分析相结合运用到调查研究中，才能够更加真实、更加具体地反映现象。

3. 整体性原则

整体性原则指调查任何纺织类非物质文化遗产的客观现象，首先要从非物质文化遗产系统整体性入手。调查研究并非就事论事，而是把纺织类非物质文化遗产放到非物质文化遗产系统整体内，从整体上进行分析：调查研究应该从非物质文化遗产的整体目标开始；纺织类非物质文化遗产的边界要清晰界定；要善于把具体遗产项目分解为若干要素；调查研究中要充分意识到非物质文化遗产与纺织类非物质文化遗产的相互联系作用，清楚两者之间的关系。

4. 多样性原则

多样性原则是指调查者在进行调查时，需要从多个角度、不同侧面获得有关的纺织类非物质文化遗产材料，即开展全面调查时，注意横向与纵向，宏观与微观，多因素与个别因素的结合，使调查既是全面的又有代表性。纺织类非物质文化遗产调查的对象是纺织类非物质文化遗产传承人、学生、教育工作者等，有些是上了年纪的老人，有些是正在学习传承的年轻人，有些是从事相关行业的工作人员，都是活生生的人，是不断变化的。所以，在开展研究分析时，既要关注调查对象以前的特点，还要分析他们新兴的特征，清晰他们的变化情况。

5. 差异性原则

在采录与调查过程中，由于纺织类非物质文化遗产数量多，涵盖范围广，因而一定要适应情况的变化，采用灵活的方式，根据调查对象的特征，随机应变，方式多样，确保获得调查材料的可信性。

二、调查采录的基本方法

1. 文献法

文献法也称历史文献法。文献调查是在前人和他人劳动成果基础上进行的调查，是根据对相关纺织类非物质文化遗产项目相关文献资料的搜集、整理、分析，认识了解纺织类非物质文化遗产历史渊源、人文传说、技艺流程等相关信息。是纺织类非物质文化遗产项目初始调研的一个最为便捷的方法，它不需要大量研究人员，不需要特殊设备，可以用比较少的人力、经费和时间，获得比其他调查方法更多的信息。因而，它是一种高效率的调查方法。

纺织类非物质文化遗产的文献包括传承人口述史资料、有关民间档案、历代研究文章、著作，和其他所有能体现纺织类非物质文化遗产活动的文字记载与文物等，这些文献资料对纺织类非物质文化遗产调研极其重要，是搜集、整理的重点。

2. 田野调查法

田野调查是源于文化人类学、考古学的基本研究方法，即"直接观察法"的实践与应用，同时是纺织类非物质文化遗产项目调查与采录常用的方法，是开始研究工作之前，得到第一手原始资料的提前准备。

田野调查是描述原始资料搜集的概括性术语，其所应用的领域包括民俗学、考古学、生物学、生态学、环境科学、地质学、地形学、地球物理学、古生物学、人类学、语言学、哲学、建筑学、社会学等自然或社会科学领域。由于此方法对诸多领域有着深刻的影响，因此是最为广泛使用的调查方法之一。

伴随着我国非物质文化遗产保护工作的不断深入，非物质文化遗产的挖掘以及传播手段在文化发展进程中更是有着非常重要的作用。

（1）田野调查方法的类型。在"田野"中采用什么方法来进行搜集资料，主要依据调查对象的范围和调查对象的角度进行选择。

①根据调查对象的范围将其分为普查法、抽查法与个案法。

a. 普查法。是对非物质文化遗产一切项目实施调查的方法。这种调查因为考察事物的所有对象，取得的材料比较全面，故通过调查采录分析所得到的结论往往比较系统全面。但是这种调查过程往往较长，而且所耗费的人力、物力和财力通常较大。对一个国家抑或是地区非物质文化遗产总体存在情况的调查，大体上采用普查法。

b. 抽查法。是从非物质文化遗产的所有对象中，抽出一部分有代表性的对象进行调查和分析，从而推论出整体的调研方法。这种调查耗费的人力、物力与财力通常比较小。由于所抽取的样本有一定的代表性，结论虽然比不上普查法全面，但还是较准确。对非物质文化遗产保护或传承中某个问题的研究，通常采用抽查法。

c. 个案法。是从非物质文化遗产所有对象中选取有代表性的个案展开调研，从而推论出非物质文化遗产某方面规律的方法。个案法在非物质文化遗产调查中比较常用，在非物质文化遗产代表作申报和传承实践中，往往采用个案法对某项非物质文化遗产实施全面、深入的调查。

②根据调查的角度不同，可分为局内外视法和局外内视法。

a. 局内外观法。局内外视法是指调查者使用本族的文化系统、知识、常识，观察异己异族的文化，并且比较本族与异族文化的异同。

b. 局外内视法。局外内视法是指调查者从外部来看自己的世界，即从他族、他国的文化知识、文化结构、文化形态来看本族的文化，比较异同并加以分析。

局内外视法实质上是由己及人的文化研究方法，是从自己的文化经验来推断和理解他人的文化的过程，从中把握他人的文化。局外内视法实质上是由人及己的文化研究方法，是从他人的文化经验来推断理解自己文化的过程，从他人的文化来反观自己的文化。这两种方法的目的和立足点不同，但在实际调查中经常配合起来使用。

③根据调查对象的范围不同，还可以分为直接观察、参与观察、系统观察。

a. 直接观察。指亲临现场进行观察，分为正式与非正式两种。正式的要求观察者在限定时间内开展实地调查；非正式的是在实地访问期间穿插进行，有时候还能收集到其他相关资料。

b. 参与观察。指观察者深入观察对象中，与其共同操作实践，从而得到深入、全面的调查资料。

c. 系统观察。指调查者依据所要观察的项目，设计观察事项，以系统地观察记录有关的现象。

（2）田野调查的流程。

①熟悉调查项目情况。将调查项目选好后，首先做好充分准备，了解项目所在地情况，了解民族成分、人口、历史、地理、部落或民族支系等各方面的情况，根据当地的民族成分、地理环境、历史变迁、人口数量、生活习俗等各方面情况实施周到、详细的文字资料的查阅与收集。

②撰写详细的调查提纲。在收集好资料后，应对接下来的项目调查与采录做一个

详细的规划，拟定活动提纲，系统科学的调查提纲和调查表格有助于全面收集项目相关资料。

③与当地政府或相关部门取得联系，利于调查采录工作的顺利开展，大多数田野调查都处在条件比较落后的村落，与当地向导的有效沟通，是确保调查采录工作顺利进行的关键。

④熟悉相关社会和文化的理论与基础知识。纺织类非物质文化遗产的调查与其他的调查不一样，需要掌握与社会和非物质文化遗产有关的各种理论及基础知识。如果调查前不了解清楚这些理论与知识，调查就不能深入地进行，纺织非物质文化遗产的调查报告便只会是有关该地纺织类非物质文化遗产表层情况的调查报告。

3. 记录法

记录法，就是通过记录对象来进行调研的方法。记录，作为调研中尤为重要的内容，同时是考察纺织类非物质文化遗产的重要方法。根据记录的手段和方式，纺织类非物质文化遗产的记录法分为文字记录法、地图记录法、音频记录法、图像记录法、音像记录法以及综合记录法等。

（1）文字记录法。就是使用文字形式对文献法、田野调查法所获得的有关调研对象的材料进行记录，以便日后研究。主要表现为调查者在调查过程中形成的调查日记、札记、访谈笔记等。

（2）图片记录法。就是通过绘图、摄影等方式，用平面形象来记录纺织类非物质文化遗产的活动。主要表现为调查者在调查过程中所画或者所拍摄的有关调查对象的素描、照片等。

（3）地图记录法。即通过地图的描绘，记录纺织类非物质文化遗产的地域分布以及传播路线等，用来反映纺织类非物质文化遗产分布的地域特征。主要表现为调查者在调查过程中所绘制或所标注的地图。

（4）音频记录法。即通过录音的手段，记录纺织类非物质文化遗产实践的声音，从时间的角度记录纺织类非物质文化遗产的活动过程。

（5）音像记录法。是音频和图片记录的结合，是一种在时间和空间纵横交错的记录。

（6）综合记录法。是通过以上两种或者两种以上记录法的综合运用。纺织类非物质文化遗产调查和采录通常综合运用上述几种方法，对传承人、项目工艺流程、传承实践等展开较为详细的调查与记录。

第二节　纺织类非物质文化遗产的分类调查与采录

纺织类非物质文化遗产是国家已公布的非物质文化遗产传统手工技艺中，涉及门类最多、覆盖面最广、品种最丰富的一类，主要包括各种纺、染、织、绣等传统工艺以及各种民族服装服饰。

纺织行业与人民生产生活的关系十分紧密，行业非物质文化遗产项目丰富，历史悠久、底蕴深厚，是中华优秀传统文化的不可或缺的部分。这些非物质文化遗产不单单是传递了知识和技艺，而且承载了文化和精神，为各民族、各地区提供了文化认同、身份认同以及情感持续，至今仍散发出永恒的魅力。纺织类非物质文化遗产将纺织品作为载体，以活态形式传承下来至今的，其文化和社会特征是被广泛认可的纺织技艺、技术、民俗以及相关实物产品。

纺织行业拥有丰富的企业资源与独特的产业优势，是最适合开展非物质文化遗产生产性保护的行业之一。纺织类非物质文化遗产主要包括传统美术、传统技艺与民俗三大类。

在纺织类非物质文化遗产调查采录过程中，可以从以下两方面重点调查：

1. 重点厘清各项技艺的谱系传承人

在非物质文化遗产保护过程中，放在首位的始终应该是对民间艺人的保护。他们不仅是传统手工技艺的持有者，而且还是传统手工技艺的传承人。只有在第一时间找到非物质文化遗产传承人，才能在第一时间内找到可待发掘的优秀文化遗产。历史上，由于保密的原因，这类独门绝技大部分是在家族内部实行秘密传承，因此中国的此种类型遗产具有显著的家族传承特征。厘清谱系传承人对于非物质文化遗产的调查与采录尤为重要。

2. 重点发掘传统技艺中的独门绝技

传统技能，是指历代艺人在长期生产实践中摸索总结出的各种知识和技能。与农耕社会、渔猎社会、游牧社会相比，行业社会似乎更看重"手艺"，因此，与农耕社会、渔猎社会、游牧社会相比，行业社会也就具有更多的"专业性"特点。以技艺见长的纺织技艺会关涉三百六十行的方方面面，但这并不是调查的重点。需要调查的不是众所周知的一般性知识，而是面临全面失传的独门绝技和那些极具地域特色的传统技艺，这些传统技艺是典型的地域标志性文化，应该成为调查采录工作的重点。

一、传统美术类纺织非物质文化遗产的调查与采录

传统美术类非物质文化遗产是文化遗产中具有传统美术性质的事物总称，主要以实物及手工艺术品的形式呈现，是非物质文化遗产中重要的组成部分，包含剪纸、刺绣、年画等民间美术。截至2021年，在国务院公布的五批国家非物质文化遗产代表性项目名录中，属于传统美术类纺织非物质文化遗产的一共有86项，覆盖27个省市自治区（表4-1），主要表现为传统刺绣挑花工艺、刺绣技艺，还有少部分表现为以纺织品为载体，其深厚历史文化底蕴被广泛认可的手工艺品。

表 4-1　传统美术类纺织非物质文化遗产代表性项目

批次	编号	名称	所属地区
第一批	316 Ⅶ-17	顾绣	上海市松江区
	317 Ⅶ-18	苏绣	江苏省苏州市
	318 Ⅶ-19	湘绣	湖南省长沙市
	319 Ⅶ-20	粤绣（广绣）	广东省广州市
		粤绣（潮绣）	广东省潮州市
	320 Ⅶ-21	蜀绣	四川省成都市
	321 Ⅶ-22	苗绣（雷山苗绣）	贵州省雷山县
		苗绣（花溪苗绣）	贵州省贵阳市
		苗绣（剑河苗绣）	贵州省剑河县
	322 Ⅶ-23	水族马尾绣	贵州省三都水族自治县
	323 Ⅶ-24	土族盘绣	青海省互助土族自治县
	324 Ⅶ-25	挑花（黄梅挑花）	湖北省黄梅县
		挑花（花瑶挑花）	湖南省隆回县
	325 Ⅶ-26	庆阳香包绣制	甘肃省庆阳市
第二批	313 Ⅶ-14	藏族唐卡（墨竹工卡直孔刺绣唐卡）	西藏自治区墨竹工卡县
	317 Ⅶ-18	苏绣（无锡精微绣）	江苏省无锡市
		苏绣（南通仿真绣）	江苏省南通市
	320 Ⅶ-21	蜀绣	重庆市渝中区
	321 Ⅶ-22	苗绣	贵州省凯里市
	324 Ⅶ-25	挑花（望江挑花）	安徽省望江县
		挑花（花瑶挑花）	湖南省溆浦县
	325 Ⅶ-26	香包（徐州香包）	江苏省徐州市
	846 Ⅶ-70	北京绢花	北京市崇文区①

批次	编号	名称	所属地区
第二批	847 VII-71	堆锦（上党堆锦）	山西省长治市堆锦研究所
		堆锦（上党堆锦）	山西省长治市群众艺术馆
	848 VII-72	湟中堆绣	青海省湟中县
	849 VII-73	瓯绣	浙江省温州市
	850 VII-74	汴绣	河南省开封市
	851 VII-75	汉绣	湖北省武汉市江汉区
	853 VII-77	民间绣活（红安绣活）	湖北省红安县
		民间绣活（阳新布贴）	湖北省阳新县
		民间绣活（高平绣活）	山西省高平市
		民间绣活（麻柳刺绣）	四川省广元市
		民间绣活（西秦刺绣）	陕西省宝鸡市
		民间绣活（澄城刺绣）	陕西省澄城县
	854 VII-78	彝族（撒尼）刺绣	云南省石林彝族自治县
	855 VII-79	维吾尔族刺绣	新疆维吾尔自治区哈密地区
	856 VII-76	羌族刺绣	四川省汶川县
	856 VII-80	满族刺绣（岫岩满族民间刺绣）	辽宁省岫岩满族自治县
		满族刺绣（锦州满族民间刺绣）	辽宁省锦州市古塔区
		满族刺绣（长白山满族枕头顶刺绣）	吉林省通化市
	857 VII-81	蒙古族刺绣	新疆维吾尔自治区博湖县
	858 VII-82	柯尔克孜族刺绣	新疆维吾尔自治区温宿县
	859 VII-83	哈萨克毡绣和布绣	新疆生产建设兵团农六师
	871 VII-95	布老虎（黎侯虎）	山西省黎城县
第三批	321 VII-22	苗绣	贵州省台江县
	324 VII-25	挑花（苗族挑花）	湖南省泸溪县
	1160 VII-103	上海绒绣	上海市浦东新区
	1161 VII-104	宁波金银彩绣	浙江省宁波市鄞州区
	1162 VII-105	瑶族刺绣	广东省乳源瑶族自治县
	1163 VII-106	藏族编织、挑花刺绣工艺	四川省阿坝藏族羌族自治州
	1164 VII-107	侗族刺绣	贵州省锦屏县

纺织类非物质文化遗产保护与开发概论

批次	编号	名称	所属地区
第三批	1165 Ⅶ-108	锡伯族刺绣	新疆维吾尔自治区察布查尔锡伯自治县
第四批	317 Ⅶ-18	苏绣（扬州刺绣）	江苏省扬州市
	853 Ⅶ-77	民间绣活（夏布绣）	江西省新余市
	856 Ⅶ-80	满族刺绣	黑龙江省克东县
		满族刺绣	黑龙江省牡丹江市
	857 Ⅶ-81	蒙古族刺绣	内蒙古自治区苏尼特左旗
	1314 Ⅶ-110	京绣	北京市房山区
	1314 Ⅶ-110	京绣	河北省定兴县
	1315 Ⅶ-111	布糊画	河北省丰宁满族自治县
	1316 Ⅶ-112	抽纱（汕头抽纱）	广东省汕头市
		抽纱（潮州抽纱）	广东省潮州市
第五批	313 Ⅶ-14	藏族唐卡（郎卡杰唐卡）	四川省甘孜藏族自治州
		藏族唐卡（齐吾岗派）	西藏自治区
		藏族唐卡（拉萨堆绣唐卡）	西藏自治区拉萨市
		藏族唐卡（康勉萨唐卡）	西藏自治区昌都市
		藏族唐卡（天祝唐卡）	甘肃省武威市天祝藏族自治县
		藏族唐卡（化隆唐卡）	青海省海东市化隆县
		藏族唐卡（班玛马尾钉线绣唐卡）	青海省果洛藏族自治州班玛县
		藏族唐卡（藏娘唐卡）	青海省玉树藏族自治州
	317 Ⅶ-18	苏绣（常州乱针绣）	江苏省常州市
	319 Ⅶ-20	粤绣（珠绣）	广东省潮州市
	321 Ⅶ-22	苗绣（湘西苗绣）	湖南省湘西土家族苗族自治州花垣县
		苗绣（松桃苗绣）	贵州省铜仁市松桃苗族自治县
	324 Ⅶ-25	挑花（巫溪嫁花）	重庆市巫溪县
	842 Ⅶ-66	彩扎（铜梁龙灯彩扎）	重庆市铜梁区
	846 Ⅶ-70	北京绢人	北京市东城区
	853 Ⅶ-77	民间绣活（宁夏刺绣）	宁夏回族自治区
	856 Ⅶ-80	满族刺绣（宁安满族刺绣）	黑龙江省牡丹江市宁安市

批次	编号	名称	所属地区
第五批	857 Ⅶ-81	蒙古族刺绣（图什业图刺绣）	内蒙古自治区兴安盟科尔沁右翼中旗
	1314 Ⅶ-110	京绣（北京补绣）	北京市朝阳区
	1472 Ⅶ-124	蒙古族唐卡（马鬃绕线堆绣唐卡）	内蒙古自治区阿拉善盟阿拉善左旗
	1474 Ⅶ-126	毛绣（察哈尔毛绣）	内蒙古自治区乌兰察布市察哈尔右翼后旗
	1475 Ⅶ-127	发绣（东台发绣）	江苏省盐城市东台市
		发绣（温州发绣）	浙江省温州市鹿城区
	1476 Ⅶ-128	厦门珠绣	福建省厦门市
	1477 Ⅶ-129	鲁绣	山东省
	1478 Ⅶ-130	彝族刺绣（凉山彝族刺绣）	四川省凉山彝族自治州
	1479 Ⅶ-131	布依族刺绣	贵州省黔西南布依族苗族自治州
	1480 Ⅶ-132	藏族刺绣（贵南藏族刺绣）	青海省海南藏族自治州贵南县
	1481 Ⅶ-133	哈萨克族刺绣	新疆维吾尔自治区昌吉回族自治州木垒哈萨克自治县

①北京市崇文区现归属于北京市东城区。

传统美术类纺织非物质文化遗产的调查主要采用田野作业的方法，综合运用文字、影像、影音等多种手段。调查与采录提纲可从如下方面展开：

➢ 物品的名称和俗称。

➢ 所产生的年代或时间。

➢ 产地或所在地。

➢ 所属的民族或流派。

➢ 所属地区的历史、经济、文化、习俗等方面的特点。

➢ 常见的尺寸大小。

➢ 主要材料是什么？除此之外还使用了哪些别的材料？

➢ 这些材料是哪儿来的？预先要做哪些加工处理？材料好坏的衡量标准是什么？

➢ 制作过程和方法，哪些工艺环节和技术最重要？有哪些操作要领或技巧？衡量制作水平的标准是什么？

➢ 造型和色彩（俯视、平视和侧视三个角度的形象完整的照片，重要的局部要提供特写，可摄影或手绘）。

➤ 采用的题材和表现的内容（故事情节、寓意等）。

➤ 有哪些装饰纹样？这些装饰纹样的名称、形状、寓意（尽可能保持纹样单位完整的图片，可摄影或手绘）。

➤ 目前的样子和 10 年前的样子相比，在题材、寓意、造型、装饰和工艺等方面是否有变化？在哪些地方？有哪些变化？（尽可能提供以前样子的图片，可摄影或手绘）。

➤ 关于它的故事、传说、民谣、谚语等，来源或口述人。

➤ 传承人的情况，包括年龄、学历等。

➤ 除了了解它的作者或艺人的基本情况之外，还应了解师父和徒弟的情况、家庭经济来源和月收入，作息安排、产品的出路、代表作、社会地位和影响。

➤ 主要的用途，包括使用时间、地点和方式，以及目前使用或流行的情况。

➤ 在当地日常生活中，它还有哪些其他用途？目前使用或流行的情况。

➤ 关于它的习俗或讲究。

➤ 相关的历史记载和今人的研究成果，包括具体内容、记录形式和收藏地。

二、传统技艺类纺织非物质文化遗产的调查与采录

传统技艺是实际生活中得以存活的一种民间生态，传统技艺主要源自民间或乡土文化，是人们生活中的一部分，它反映了人们的一种生活状态，若将其从大众生活中抽离出来会导致其失去原生性。从民间文化本身看，技艺类非物质文化遗产在其所在的"自然－文化－社会"生态系统中是时代烙印的文化样态。

截至 2021 年在国务院公布的五批国家非物质文化遗产代表性项目名录中，在纺织类非物质文化遗产中传统手工技艺占 103 项（表 4-2），这些传统技艺不仅体现出古代人民的生活方式、民俗信仰及价值观念，而且为中华民族文明史谱写出灿烂辉煌的篇章。

表 4-2　传统技艺类纺织非物质文化遗产代表性项目

批次	编号	名称	所属地区
第一批	363 Ⅷ-13	南京云锦木机妆花手工织造技艺	江苏省南京市
	364 Ⅷ-14	宋锦织造技艺	江苏省苏州市
	365 Ⅷ-15	苏州缂丝织造技艺	江苏省苏州市
	366 Ⅷ-16	蜀锦织造技艺	四川省成都市
	367 Ⅷ-17	乌泥泾手工棉纺织技艺	上海市徐汇区
	368 Ⅷ-18	土家族织锦技艺	湖南省湘西土家族苗族自治州

批次	编号	名称	所属地区
第一批	369 Ⅷ-19	黎族传统纺染织绣技艺	海南省五指山市
		黎族传统纺染织绣技艺	海南省白沙黎族自治县
		黎族传统纺染织绣技艺	海南省保亭黎族苗族自治县
		黎族传统纺染织绣技艺	海南省乐东黎族自治县
		黎族传统纺染织绣技艺	海南省东方市
	370 Ⅷ-20	壮族织锦技艺	广西壮族自治区靖西县
	371 Ⅷ-21	藏族邦典、卡垫织造技艺	西藏自治区山南地区
		藏族邦典、卡垫织造技艺	西藏自治区日喀则地区
	372 Ⅷ-22	加牙藏族织毯技艺	青海省湟中县
	373 Ⅷ-23	维吾尔族花毡、印花布织染技艺	新疆维吾尔自治区吐鲁番地区
	374 Ⅷ-24	南通蓝印花布印染技艺	江苏省南通市
	375 Ⅷ-25	苗族蜡染技艺	贵州省丹寨县
	376 Ⅷ-26	白族扎染技艺	云南省大理市
	432 Ⅷ-82	剧装戏具制作技艺	江苏省苏州市
	434 Ⅷ-84	黎族树皮布制作技艺	海南省保亭黎族苗族自治县
	435 Ⅷ-85	赫哲族鱼皮制作技艺	黑龙江省
第二批	373 Ⅷ-23	维吾尔族花毡、印花布织染技艺	新疆维吾尔自治区且末县
		维吾尔族花毡、印花布织染技艺	新疆维吾尔自治区塔城地区
		维吾尔族花毡、印花布织染技艺	新疆维吾尔自治区英吉沙县
	374 Ⅷ-24	蓝印花布印染技艺	湖南省凤凰县
		蓝印花布印染技艺	湖南省邵阳县
	375 Ⅷ-25	蜡染技艺	贵州省安顺市
	376 Ⅷ-26	扎染技艺（自贡扎染技艺）	四川省自贡市
	432 Ⅷ-82	剧装戏具制作技艺	北京剧装厂
	882 Ⅷ-99	蚕丝织造技艺（余杭清水丝绵制作技艺）	浙江省杭州市余杭区
		蚕丝织造技艺（杭罗织造技艺）	浙江省杭州市福兴丝绸厂
		蚕丝织造技艺（双林绫绢织造技艺）	浙江省湖州市

批次	编号	名称	所属地区
第二批	883 Ⅷ-100	传统棉纺织技艺	河北省魏县
		传统棉纺织技艺	河北省肥乡县
		传统棉纺织技艺	新疆维吾尔自治区伽师县
	884 Ⅷ-101	毛纺织及擀制技艺（彝族毛纺织及擀制技艺）	四川省昭觉县
		毛纺织及擀制技艺（藏族牛羊毛编织技艺）	四川省色达县
		毛纺织及擀制技艺（东乡族擀毡技艺）	甘肃省东乡族自治县
	885 Ⅷ-102	夏布织造技艺	江西省万载县
		夏布织造技艺	重庆市荣昌区
	886 Ⅷ-103	鲁锦织造技艺	山东省鄄城县
		鲁锦织造技艺	山东省嘉祥县
	887 Ⅷ-104	侗锦织造技艺	湖南省通道侗族自治县
	888 Ⅷ-105	苗族织锦技艺	贵州省麻江县
		苗族织锦技艺	贵州省雷山县
	889 Ⅷ-106	傣族织锦技艺	云南省西双版纳傣族自治州
	890 Ⅷ-107	香云纱染整技艺	广东省佛山市顺德区
	891 Ⅷ-108	枫香印染技艺	贵州省惠水县
		枫香印染技艺	贵州省麻江县
	892 Ⅷ-109	新疆维吾尔族艾德莱斯绸织染技艺	新疆维吾尔自治区洛浦县
	893 Ⅷ-110	地毯织造技艺（北京宫毯织造技艺）	北京市
		地毯织造技艺（阿拉善地毯织造技艺）	内蒙古自治区阿拉善左旗
		地毯织造技艺（维吾尔族地毯织造技艺）	新疆维吾尔自治区洛浦县
	894 Ⅷ-111	滩羊皮鞣制工艺	山西省交城县
		滩羊皮鞣制工艺（二毛皮制作技艺）	宁夏回族自治区
	895 Ⅷ-112	鄂伦春族狍皮制作技艺	内蒙古自治区鄂伦春自治旗
		鄂伦春族狍皮制作技艺	黑龙江省黑河市爱辉区
	896 Ⅷ-113	盛锡福皮帽制作技艺	北京市东城区
	897 Ⅷ-114	维吾尔族卡拉库尔胎羔羊皮帽制作技艺	新疆维吾尔自治区沙雅县

批次	编号	名称	所属地区
第二批	898 Ⅷ-115	内联升千层底布鞋制作技艺	北京市
	923 Ⅷ-140	伞制作技艺（西湖绸伞）	浙江省杭州市
第三批	363 Ⅷ-13	南京云锦木机妆花手工织造技艺	江苏汉唐织锦科技有限公司
	375 Ⅷ-25	蜡染技艺（黄平蜡染技艺）	贵州省黄平县
		蜡染技艺（苗族蜡染技艺）	四川省珙县
	882 Ⅷ-99	蚕丝织造技艺（杭州织锦技艺）	浙江省杭州市
		蚕丝织造技艺（辑里湖丝手工制作技艺）	湖州市湖州市
	883 Ⅷ-100	传统棉纺织技艺（南通色织土布技艺）	江苏省南通市
		传统棉纺织技艺（余姚土布制作技艺）	浙江省余姚市
		传统棉纺织技艺（维吾尔族帕拉孜纺织技艺）	新疆维吾尔自治区拜城县
	884 Ⅷ-101	毛纺织及擀制技艺（维吾尔族花毡制作技艺）	新疆维吾尔自治区柯坪县
	888 Ⅷ-105	苗族织锦技艺	贵州省台江县
		苗族织锦技艺	贵州省凯里市
	898 Ⅷ-115	手工制鞋技艺（老美华手工制鞋技艺）	天津市和平区
	1172 Ⅷ-192	蓝夹缬技艺	浙江省温州市
	1173 Ⅷ-193	中式服装制作技艺（龙凤旗袍手工制作技艺）	上海市静安区
		中式服装制作技艺（亨生奉帮裁缝技艺）	上海市静安区
		中式服装制作技艺（培罗蒙奉帮裁缝技艺）	上海市黄浦区
		中式服装制作技艺（振兴祥中式服装制作技艺）	浙江省杭州市
	1179 Ⅷ-199	藏族矿植物颜料制作技艺	西藏自治区拉萨市
第四批	374 Ⅷ-24	蓝印花布印染技艺	浙江省桐乡市
	882 Ⅷ-99	蚕丝织造技艺（潞绸织造技艺）	山西省高平市
	883 Ⅷ-100	传统棉纺织技艺（威县土布纺织技艺）	河北省肥威县
		传统棉纺织技艺（傈僳族火草织布技艺）	四川省德昌县
	893 Ⅷ-110	地毯织造技艺（阆中丝毯织造技艺）	四川省阆中市
		地毯织造技艺（天水丝毯织造艺）	甘肃省天水市秦区

纺织类非物质文化遗产保护与开发概论

批次	编号	名称	所属地区
第五批	375 Ⅷ–25	蜡染技艺（织金苗族蜡染）	贵州省毕节市织金县
	432 Ⅷ–82	剧装戏具制作技艺（戏曲盔头制作技艺）	北京市西城区
	432 Ⅷ–82	剧装戏具制作技艺（戏剧靴子制作技艺）	天津市河东区
	883 Ⅷ–100	传统棉纺织技艺（惠畅土布制作技艺）	山西省运城市永济市
	884 Ⅷ–101	传统棉纺织技艺（枣阳粗布制作技艺）	湖北省襄阳市枣阳市
		毛纺织及擀制技艺（泽帖尔编制技艺）	西藏自治区山南市
	893 Ⅷ–110	地毯织造技艺（如皋丝毯织造技艺	江苏省南通市如皋市
		地毯织造技艺（宁夏手工毯织造技艺）	宁夏回族自治区
	898 Ⅷ–115	手工制鞋技艺（唐昌布鞋制作技艺）	四川省成都市郫都区
	1173 Ⅷ–193	中式服装制作技艺（满族旗袍制作技艺）	吉林省吉林市
		中式服装制作技艺（红帮裁缝技艺）	浙江省宁波市奉化区
		中式服装制作技艺（香港中式长衫制作技艺）	香港特别行政区
	1491 Ⅷ–245	缂丝织造技艺（定州缂丝织造技艺）	河北省保定市
	1492 Ⅷ–246	花边制作技艺（萧山花边制作技艺）	浙江省杭州市
	1493 Ⅷ–247	彩带编制技艺（畲族彩带编制技艺）	浙江省丽水市
	1494 Ⅷ–248	丝绸织染技术（周村丝绸染织技艺）	山东省淄博市
	1495 Ⅷ–249	佤族织锦技艺	云南省普洱市

　　近年来，"纺织非物质文化遗产"的热度持续升高，国家大力提倡振兴传统技艺，使得非物质文化遗产融入现代生活，文化自觉与文化自信在行业中逐渐变为一种"流行"。作为体现我们文化自信的重要方面，纺织非物质文化遗产项目中的纺、染、织、绣、印等各种传统技艺与日常生活紧密联系。每一门传统技艺都有着悠久的文化历史背景，烙着民族的印记，承载着社会大众最广泛、最基础的情感与生活。这使它拥有走进现代生活、融入现代社会的天然优势。

　　传统技艺类纺织非物质文化遗产在调查与采录时通常需要采用田野调查法、文献法和记录法。调查与采录提纲可参考如下方面展开：

　　➢ 项目基本情况

　　• 名称及俗称

　　• 分类编码

　　• 技艺所在地区

　　• 技艺对社会的影响

- ➤ 地域
  - 所在区域的地理与资源状况
  - 所在地区历史背景，文化习俗
  - 所在地区经济情况
  - 其他需说明的情况
- ➤ 技艺历史
  - 技艺的起始年代或朝代
  - 技艺起源地
  - 创始人及其事迹
  - 历代传承人
  - 其他需说明的情况
- ➤ 流传情况
  - 技艺的流传地域及其大小
  - 流传时间范围及长短
  - 创新情况
  - 其他需说明的情况
- ➤ 原材料
  - 所采用主要原材料的名称
  - 原材料主要产地
  - 用途
  - 其他需说明的情况
- ➤ 技艺流程
  - 名称
  - 技艺水平
  - 技艺特点
  - 常规工时
  - 操作要领
  - 其他需说明的情况
- ➤ 辅助工具
  - 工具名称
  - 功能
  - 其他需说明的情况
- ➤ 代表产品
  - 名称
  - 材质和成分

- 制作技艺
- 艺术价值
- 其他需说明的情况

➢ 技艺价值评估
- 评估标准
- 评估方法
- 评估结果
- 其他需说明的问题

➢ 传承
- 传承方式
- 传承制度
- 目前传承情况
- 其他需说明的问题

➢ 传承人
- 姓名
- 性别
- 年龄
- 籍贯民族
- 住址
- 联系方式
- 文化程度
- 从业时间
- 主要成就
- 获奖情况

三、民俗类纺织非物质文化遗产的调查与采录

民俗，泛指在一个国家或民族中广大民众所创造、享用和传承的生活文化。在国家非物质文化遗产中，民俗所占比重很大，目前已经公布的项目中，民俗类项目共有 492 项。民俗类非物质文化遗产主要表现为民俗活动以及民族活动表现形式两种方式，二者通常融合在一起，共同出现。

随着历史的发展和社会的进步，中国传统文化（民俗）中的一些文化因子承载了可以穿越时空的生命力，流传至今。截至 2021 年纺织非物质文化遗产中民俗类项目共 51 项（表 4-3）。

表 4-3　民俗类纺织非物质文化遗产代表性项目

批次	编号	名称	所属地区
第一批	511 X -63	苏州甪直水乡妇女服饰	江苏省苏州市
	512 X -64	惠安女服饰	福建省惠安县
	513 X -65	苗族服饰（昌宁苗族服饰）	云南省保山市
	514 X -66	回族服饰	宁夏回族自治区
	515 X -67	瑶族服饰	广西壮族自治区南丹县
		瑶族服饰	广西壮族自治区贺州市
第二批	513 X -65	苗族服饰	湖南省湘西土家族苗族自治州
	513 X -65	苗族服饰	贵州省桐梓县
		苗族服饰	贵州省安顺市西秀区
		苗族服饰	贵州省关岭布依族苗族自治县
		苗族服饰	贵州省纳雍县
		苗族服饰	贵州省剑河县
		苗族服饰	贵州省台江县
		苗族服饰	贵州省榕江县
		苗族服饰	贵州省六盘水市六枝特区
		苗族服饰	贵州省丹寨县
	1015 X -108	蒙古族服饰	内蒙古自治区
		蒙古族服饰	甘肃省肃北蒙古族自治县
		蒙古族服饰	新疆维吾尔自治区博湖县
	1016 X -109	朝鲜族服饰	吉林省延边朝鲜族自治州
	1017 X -110	畲族服饰	福建省罗源县
	1018 X -111	黎族服饰	海南省锦绣织贝有限公司
		黎族服饰	海南省民族研究所
	1019 X -112	珞巴族服饰	西藏自治区隆子县
		珞巴族服饰	西藏自治区米林县
	1020 X -113	藏族服饰	西藏自治区措美县
		藏族服饰	西藏自治区林芝地区
		藏族服饰	西藏自治区普兰县
		藏族服饰	西藏自治区安多县
		藏族服饰	西藏自治区申扎县

批次	编号	名称	所属地区
第二批	1020 X –113	藏族服饰	青海省玉树藏族自治州
		藏族服饰	青海省门源回族自治县
	1021 X –114	裕固族服饰	甘肃省肃南裕固族自治县
	1022 X –115	土族服饰	青海省互助土族自治县
	1023 X –116	撒拉族服饰	青海省循化撒拉族自治县
	1024 X –117	维吾尔族服饰	新疆维吾尔自治区于田县
	1025 X –118	哈萨克族服饰	新疆维吾尔自治区伊犁哈萨克自治州
第三批	1219 X –144	塔吉克族服饰	新疆维吾尔自治区塔什库尔干塔吉克自治县
第四批	515 X –67	瑶族服饰	广西壮族自治区龙胜各族自治县
	1015 X –108	蒙古族服饰	内蒙古自治区正蓝旗
	1020 X –113	藏族服饰	青海省海南藏族自治州
	1367 X –154	达斡尔族服饰	内蒙古自治区呼伦贝尔市
	1368 X –155	鄂温克族服饰	内蒙古自治区陈巴尔虎旗
	1369 X –156	彝族服饰	四川省昭觉县
		彝族服饰	云南省楚雄彝族自治州
	1370 X –157	布依族服饰	贵州省
	1371 X –158	侗族服饰	贵州省黔东南苗族侗族自治州
	1372 X –159	柯尔克孜族服饰	新疆维吾尔自治区乌恰县
第五批	1015 X –108	蒙古族服饰	青海省海西蒙古族藏族自治州格尔木市
	1556 X –182	传统服饰（赣南客家服饰）	江西省赣州市定南县
	1557 X –183	傣族服饰（花腰傣服饰）	云南省玉溪市新平彝族傣族自治县

民俗类纺织非物质文化遗产的调查与采录往往涉及民族历史等问题，因此多采用文献研究法，从历史文献各方面（报刊、书籍、档案、名人自传、名著、电影、电视、照片）入手，依据对各方资料来源和当前研究成果的深入分析，了解某个民族或社会群体的起源、发展、经济、文化等因素对民俗类纺织非物质文化遗产的影响。在充分研究文献的基础上，使用田野调查法和记录法相结合的方法对非物质文化遗产项目实施详细的调查与采录。

在记录民俗类代表性传承人的有关信息时，应特别注意如下几点：

第一，民俗类项目大都是涵盖广泛、内容丰富、形式多样、过程繁复、参与人员众多、有一定成规的文化空间。其代表性传承人的情况多种多样，所担任的角色和发挥的作用有很大的不同。

第二，同时兼顾其他参与人员所担任的角色和发挥的作用。

第三，对于民俗类项目信息的记录，尤其要特别注意全面贯彻整体性原则，因为这类项目的记录难度最大。

第四，要特别注意细节和细节的含义。

第五，注意传承人的情感因素和价值判断，例如信仰的成分等。

第六，关注活动进行的时间、空间及活动的背景、宗旨和目的。

民俗类纺织非物质文化遗产的调查与采录提纲可参考如下方面展开：

➢ 项目基本情况
  - 名称及俗称
  - 分类编码
  - 所属的民族和地区

➢ 地域
  - 所在区域的地理与资源状况
  - 所在地区历史背景，文化习俗
  - 所在地区经济情况

➢ 制作过程
  - 主要用的原材料
  - 服饰纹样、造型、色彩的特点及背后的历史、习俗等故事或寓意
  - 改良及发展过程

➢ 传承保护
  - 赋存状况
  - 开发利用保护及能产生的经济效益
  - 传承方式
  - 保护的主体及相应的管理机构
  - 所在地采取相关的保护措施
  - 所在地相关保护的立法及政策
  - 知识产权保护的局限性及理论上遇到的障碍
  - 遇到的挫折及主要问题

➢ 传承人
  - 基本情况，包括姓名、年龄、学历、社会成就及影响等
  - 目前传承情况
  - 其他需要说明的特殊情况

➢ 文化内涵
  - 服饰类文化内涵与民族精神之间的关系
  - 附加文化内涵所产生的经济利益

➢ 发展
- 产业化
- 发展中保护
- 产业化与保持原生态的矛盾及解决方法

知识窗

传统美术类纺织非物质文化遗产代表项目——藏族唐卡

　　唐卡，指用彩缎装裱后悬挂供奉的宗教卷轴画，是藏族文化中一种独具特色的绘画艺术形式，题材内容涉及藏族的历史、政治、文化和社会生活等诸多领域，传世唐卡大都是藏传佛教和本教作品。唐卡的品种和质地多种多样，但多数是在布面和纸面上绘制的，另外也有刺绣、织锦、缂丝和贴花等织物唐卡，有的还在五彩缤纷的花纹上将珠玉宝石用金丝缀于其间，珠联璧合。

　　传统唐卡的绘制要求严苛，程序极为复杂，必须按照经书中的仪轨及上师的要求进行，包括绘前仪式、制作画布、构图起稿、着色染色、勾线定型、铺金描银、开眼、缝裱开光等一整套工艺程序。制作一幅唐卡用时较长，短则半年完成，长则需要十余年。

　　藏族唐卡是以传统绘画技艺为基础，用彩缎织物装裱成的卷轴画，是富有藏族文化特色的一个画种。唐卡具有鲜明的民族特点、浓郁的宗教色彩和独特的艺术风格，用明亮的色彩描绘出神圣的佛的世界，颜料传统上采用金、银、珍珠、玛瑙、珊瑚、松石、孔雀石、朱砂等珍贵的矿物宝石和藏红花、大黄、蓝靛等植物颜料以示其神圣。这些天然原料保证了所绘制的唐卡色泽鲜艳，璀璨夺目，虽经几百年的岁月，仍保持色泽艳丽明亮。因此，被誉为中国民族绘画艺术的珍品，被称为藏族的"百科全书"，也是中华民族民间艺术中弥足珍贵的非物质文化遗产。

传统技艺类纺织非物质文化遗产代表项目——苏州缂丝

　　缂丝，又名刻丝，是中国古老、独特的一种传统织造工艺，主要存在于苏州及其周边地区。苏州缂丝自南宋以后，盛名传遍全中国，成为主要产地。

　　缂丝的制作工艺分为嵌经面、画样、织纬和整理等十多道工序。织纬的基本技法主要有勾、抢、绕、结、掼和长短梭等，另有盘梭、笃门闩、子母经、合花线等多种特种技法，都依不同的画面要求灵活运用，以表现各种不同的艺术效果。其中，"结"是单色或二色以上在竖纹样或较陡的纹样上采取有一定规律的面积穿经和色方法；"掼"是在一定坡度的纹样中（除单色外）二色以上按色之深浅有规律有层次排列，如同叠上去似的和色方法；"勾"是纹样外缘一般均用较本色深的线、清晰地勾出外轮廓，如同工笔勾勒的作用；"抢"又叫抢色或镶色，是用两种或两种以上（甚至更多）深浅色之调和，运用枪头相互伸展，起到工笔渲染效果，表现纹样质感。

缂丝作为最早用于艺术欣赏的丝织物，素以制作精良、古朴典雅、艳中带秀的艺术特点著称，被誉为"织中之圣"。同时，由于经得起摸、擦、揉、搓、洗，它又获得"千年不坏艺术织品"之誉称。缂丝作品具有很高的观赏价值，历代缂丝精品中蕴含着丰富的文化信息，缂丝技艺体现了传统文化的特色，具有相应的文化与科学价值。

民俗类纺织非物质文化遗产代表项目——惠安女服饰

惠安女是福建三大渔女之一。福建三大渔女分别指惠安女、蟳埔女和湄洲女，三大渔女都是以地域名称来命名的，同时也以独特的服饰穿戴而著称，其不同时期的服饰记载着时代经济、政治、文化的变革。三大渔女常年劳作在海边，生活在同一海岸线上，但是由于区域文化差异，三大渔女服饰各具特色，正如《汉书》里说"百里不同风，千里不同俗，户异政，人殊服"，三大渔女服饰成为闽南蜿蜒曲折的海岸线上一道亮丽的风景线，同时也是我国海洋文化背景下海洋民俗风情的一朵奇葩。

惠安女服饰准确地说是指惠东女服饰，惠安流传的一句经典民谣"封建头，民主肚，节约衣，浪费裤"，就是对惠安女服饰的高度概括。封建头是指惠安女头饰——花头巾和黄斗笠，由于头巾包裹面部只露出五官，再加上圆斗笠，整个面容掩藏了一半，所以称为封建头；"节约衣"是指惠安女上衣衣身短小至腰部，袖口收紧到小臂的中部，用布节约，所以有此说法；"民主肚"是指上衣紧窄短小在劳作中露出肚脐而不遮挡，很是民主；"浪费裤"是指下装特别宽松肥大，与上装形成鲜明宽窄对比。

惠安女服饰分为崇武、山霞型和小岞、净峰型，这两种形制分别以崇武大岞村与小岞镇妇女服饰为典型。大岞村妇女服饰整体结构是：包头巾戴斗笠，上衣短小露出装饰的腰带，下装传统的宽腿裤，夏装花色主要以白底碎花和白底条纹为主，冬天蓝色上衣，黑色宽腿裤拼蓝色腰头，婚前戴编织或刺绣的腰带，结婚后戴银腰链，头巾色彩以蓝绿为底色，各种花纹兼具，常年塑料拖鞋，冬天有穿袜子再穿拖鞋的习惯。

思考题

1. 纺织类非物质文化遗产调查与采录的原则有哪些？
2. 纺织类非物质文化遗产调查与采录的常用方法有哪些？

实践题

请选取一项纺织类非物质文化遗产项目，撰写一份调查与采录提纲。

第五章

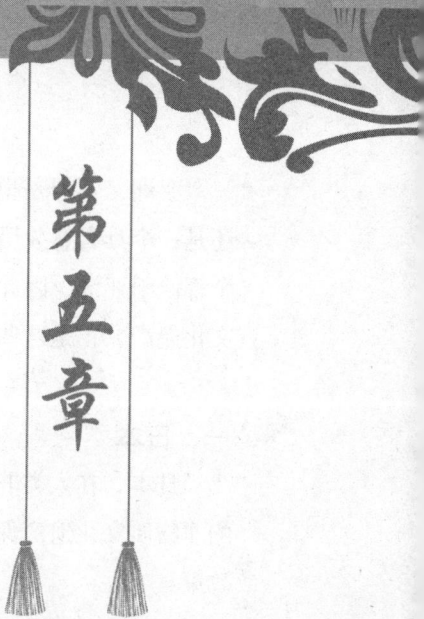

国外纺织类非物质文化遗产保护与开发的经验

本章主要内容

本章主要介绍亚洲、欧洲、美洲、非洲部分国家的纺织类非物质文化遗产的现状以及保护和开发经验，以供中国的纺织类非物质文化遗产的保护与开发借鉴。

第一节　亚洲

亚洲，不但是世界七大洲中面积最大的一个大洲，而且是世界上人口最多的洲，还是一个具有悠久历史的大洲，世界三大宗教的起源地，世界四大文明古国中，有三个都位于亚洲，因此，亚洲有着源远流长的古老文明。在亚洲各国流传的各项非物质文化遗产，正是这些古老文明传承和发展的产物。

一、日本

日本，在人类非物质文化遗产保护领域做出了卓越的贡献：最早提出现代意义上的非物质文化遗产保护理念，较早制定了与非物质文化遗产保护相关的法律、法规及政策。

1. 日本纺织类非物质文化遗产概况

截至 2020 年，日本已成功申请人类非物质文化遗产 22 项，其中纺织类非物质文化遗产 2 项。

一项是 2009 年入选的"新潟县鱼沼地区苎麻布织造工艺项目"，这种苎麻织造工艺，发展于本州西北部新潟县鱼沼地区，人们在寒冷的季节，尤其是下雪的冬日制作。手工抽取苎麻纤维，捻成线，和棉线捆成一束，使用一架简单的背带式织机，织出几何或花朵图案。随后以热水清洗布料，用脚压揉，再将湿的织物放置在积雪处 10~20 天，靠太阳和积雪蒸发时释放的臭氧，使其光亮柔软。通过这种方法生产的衣料制作的衣服已经在各个社会阶层的人们中流行了几个世纪。今天，这种艺术主要是由年长的手工艺者掌握的，它仍然是一种建树文化自豪感，也是增强社区认同感的重要工具（图 5-1）。

图 5-1　新潟县鱼沼地区苎麻布织造工艺项目

另一项是 2010 年入选的"结城绸（茨城县）项目"，结城绸是一种上等的纺织物。在茨城县，编制茧绸从很早的古代就开始了，室町时代末期，这种茧绸被称为"结城茧绸"，在江户时代，"结城茧绸"成为当地著名的特产，需求和生产量都非常大。

这种茧绸还被称为结城捻线丝绸，代表着日本的一种丝绸织造工艺，它的产地气候温和，土地肥沃，极适宜桑树生长和养蚕业的发展。结城绸制作工艺比较复杂，以此工艺织成的面料会给人一种朴素的感觉，轻、暖且穿着舒适（图 5-2）。

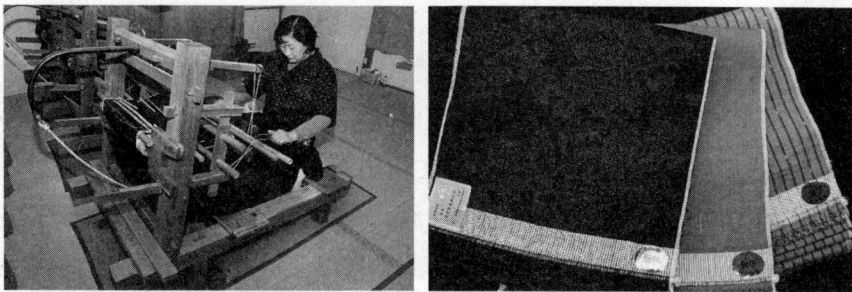

图 5-2　结城绸生产工艺项目

结城绸主要以生丝织成，用于制作和服。这种传统面料的生产包括以下几个阶段：首先通过手工操作，把丝绕成纺线，然后把纺线绑束形成某些特定的图案，再用靛蓝染色，最后用织机把丝织成绸。结城绸工艺中的蚕丝需要通过缫丝工艺从空蚕茧中抽出，再制成用于织绸的纺线丝。这些原材料的需求极大地支持了当地的养蚕业。"结城绸技术保持会"就是从事维持纺纱、染色、织布传统，并帮助这一技艺得以代代相传的组织。结城绸传统技艺项目的传承主要是通过加强技术交流、培训年轻一代织工以及实践操作展示等方面的工作来进行。

2. 日本纺织类非物质文化遗产保护的现状

日本从明治维新时就非常重视文化遗产的保护。起初，日本人对文化遗产的认识仅局限于物质形式，将物质文化遗产直接等同于文化遗产。但随着世界各国对文化遗产保护工作的深入开展，慢慢地将二者做出区分，提出了"无形文化遗产"的概念。1950 年，日本制定了《文化财保护法》，这是世界上第一部专门适用于文化遗产保护的法律。这部法律条文中关于"无形文化财产"的概念与现在的非物质文化遗产的概念十分相似，被认为是世界上第一部涉及非物质文化遗产保护的法律，具有划时代的意义。之后直到 20 世纪末，联合国教科文组织才正式确定了"非物质文化遗产"这个概念。但由于日本的文化财产保护体系建立较早且较为完善，日本至今仍保留自己历史上的称谓，只在国际交流时，才使用"非物质文化遗产"一词。

联合国教科文组织《保护非物质文化遗产公约》第二条规定：非物质文化遗产是指被各群体、团体、个人视为文化遗产的各种实践、观念表述、表现形式、知识体系和技能及其有关的工具、实物、工艺品和文化场所，包括口头传统和表现形式，表演艺术，社会实践、仪式、节庆活动，有关自然界和宇宙的知识和实践，以及传统手工艺。在现有日本法律体系下，联合国教科文组织及我国所称的"非物质文化遗产"主要对应日本的无形文化财产、无形民俗文化财产和文化财产保存技术三大类。日本1950年拟定的《文化财产保护法》第二条第二项规定，具有本国较高历史或艺术价值的戏剧、音乐、手工艺及其他无形文化的产物，称为"无形文化财产"。无形文化财产主要指日本传统戏曲，无形民俗文化财产主要指日本传统生活方式，而文化财产保存技术主要指与其他文化财产有关的基础传统工艺。

由此可见，日本对"非物质文化遗产"的理解较为深刻，分类比较详细，具有一定的理论和实践研究价值。同时，在非物质文化遗产保护方面，日本已经形成由国际公约、法律和行政法规等法律文件组成的系统、庞大的法律保护制度。根据日本2015年5月22日内阁决议通过的《文化艺术振兴基本方针》第四次修订稿确立的第四重点战略，日本将在国际合作层面，推进文化遗产保护相关知识、技术和经验的推广，以实现文化立国的目标。当前，日本文部科学省文化厅正从挖掘、保护非物质文化遗产向利用、发展非物质文化遗产转变，由点及面，结合观光、体育等活动，以综合提高日本的文化实力，展现日本的国家特色，并提高日本的国际形象。

日本是世界上第一个提出非物质文化遗产保护理念并将这一理念写入法律条文的国家，这一举措使日本拓宽了非物质文化遗产的保护范围，并为世界各国在非物质文化遗产的保护领域树立了积极正面的榜样。2001年，联合国教科文组织颁布了第一批"人类口头和非物质遗产杰作"，日本的能乐、狂言均入选。

日本于2004年批准《保护非物质文化遗产公约》，是世界上第三个加入该公约的国家。2006年6月，联合国教科文组织在巴黎总部举行了第一届缔约国大会，会上，日本当选为政府间委员会成员，参与并制定执行这一公约的相关政策方针，之后便积极地开展了非物质文化遗产的相关申请工作。

此外，日本除《文化财保护法》外还有其他涉及非物质文化遗产保护的主要配套法规15项。日本非物质文化遗产保护的相关部门和机构有：文部科学省文化厅、一些地方公共团体（主要是日本的地方立法和行政机关）、非物质文化的所有者以及全体国民。

日本在无形民俗文化财产保护、传承方面采取的措施有：实行保护会制度、官民合作、打造特色旅游文化。政府在审批无形文化财产和无形民俗文化财产项目申请时就要求该项目有相应的保护团体负责保护事宜，这些保护团体通常是地方文化遗产的民间社团组织，如"保存会"。政府只是起到监督、相关活动辅助宣传和财政支持作用。

3. 日本对非物质文化遗产保护的经验与启示

随着现代化生活节奏的加快，越来越多的新鲜事物出现在人们眼前，使现代人的生活方式、欣赏方式发生了巨大的变化，然而传统的具有历史文化特色的非物质文化遗产不仅是一个国家历史文明的象征，也能够促进一个国家现代文明的发展。日本在非物质文化遗产保护领域较为成功。

学习和研究其他国家在非物质文化遗产保护方面的经验，对于提升我国非物质文化遗产保护水平，传承和发展中华民族的优秀传统文化将会起到十分重要的借鉴作用；同时，也能够更好地展现中华民族源远流长的历史文明，发挥文明古国的历史作用。学习日本在非物质文化遗产保护法律、制度、政策方面的具体措施，特别是对宏观政策下的财政支持力度、宣传教育方法、民族认同度提高、经济联动效应等各个方面的研究，可以为中国非物质文化遗产保护工作带来一定的启示，为中国非物质文化遗产的保护提供经验。

第一，中国应当在法律层面进一步加强对非物质文化遗产的保护。根据相关学者的研究，中国第一部非物质文化遗产保护的立法是 2000 年的《云南省民族民间传统文化保护条例》，之后各地方逐步出台了一些相关政策及地方性法规，但由于没有国家统一的法律法规，导致地方政策标准不一致，出现管理混乱的局面。1998 年，中华人民共和国文化部（现"中华人民共和国文化和旅游部"）和科学教育委员会制定了《中华人民共和国的中国民间传统文化保护法草案》，之后全国人民代表大会将其更名为《中华人民共和国非物质文化遗产保护法》，该草案于 2010 年获得全国人大的通过，2011 年正式颁布实施，这是我国第一部专门针对非物质文化遗产保护的法律法规。日本在非物质文化遗产保护方面的法律法规具有连贯性和一致性，能够更好地实现传统与现代的和谐共生，而中国的非物质文化遗产保护缺少系统的法律条文规范，亟待加强法律保护。

第二，中国应当在文化产业发展中加强对非物质文化遗产的保护。针对 2020 年东京夏季奥林匹克运动会，日本政府出台了一系列文化振兴计划。其中包括保护和继承日本非物质文化遗产、推动非物质文化遗产相关地区和产业发展在内的政策措施，十分重视本国文化的传播力与国际影响力，并给予了大量的财政支持。通过推广传统饮食、体验传统文化、参与传统节庆、学习歌舞等形式，吸引世界各地的游客，促进当地的经济发展。虽然由于新冠肺炎疫情影响，计划未能如期实施，但依然可以感受到日本从上至下，从政府到民众对非物质文化遗产保护的意识和决心。日本从培养传承人入手，大力发展社会团体，避免政府的过多干预；加强海报和网络宣传力度，丰富宣传教育方法，提高民众对非物质文化遗产的认同度；结合旅游、文化和创意产业，产生经济联动效应，在文化产业发展过程中加强保护。

二、韩国

随着世界各国对非物质文化遗产保护工作的不断重视，韩国也在政府的推动下制定了一系列政策和法律法规，并制定了有效的措施，形成了有效的模式，在非物质文化遗产的保护、传承、开发利用等方面获得了丰硕的成果。

1.韩国纺织类非物质文化遗产概况

截至2020年，韩国入选联合国教科文组织非物质文化遗产名录的项目已达21项，其中纺织类项目有2011年入选的"寒山苎麻纺织工艺项目"（图5-3）。

夏布是一种以苎麻为原材料的传统纺织品面料，在中国的江西、湖南、四川等地也出产这种传统纺织面料。它以剥下来的苎麻皮为材料制作而成，也称作纻布、

图5-3　韩国寒山苎麻纺织工艺项目

麻布，历史极为悠久。在韩国，织造夏布用的纤维材料一般一年收获三次，收获时间在五月至六月初、八月初至八月下旬、十月初至十月下旬，其中以第二次收获的苎麻品质最佳。

寒山地区位于忠清南道舒川郡，该地区出产的夏布称为寒山夏布。与其他地区相比，寒山夏布品质优良，细腻淡雅，普遍被视作夏布的代名词。而且民间盛行织夏布的原因是该地区的条件适合苎麻生长。

寒山夏布的制作过程大致由栽培和收获原材料、苎麻内皮加工、苎麻裁剪、纺线、制作麻绳、上浆、织布、漂白。具体地说，是先将收割下来的苎麻剥下表皮，对内皮进行加工后，在水里浸泡一天左右，晒干后再用水浸湿，裁成一根一根的线，裁开的一根根苎麻纤维被纺成线。

纺线过程中需要保持线的均匀度，这样，织出的寒山夏布才能均匀度一致。纺好的线在筛子上按一定大小放好，使用细绳系成十字，制作麻绳。根据线的粗细决定一匹布中有多少根线。随后上浆，并利用织布机织成夏布，最后漂白。漂白时在漂液里浸泡一定时间，然后在阳光下晒干，这一工序需要经过很多次才能漂出白色夏布。

织布在不通风的窝棚中进行，这是因为这种环境湿度大，苎麻纤维在湿度大的环境中进行加工才不容易折断。

寒山夏布是韩国夏季传统布料，表现出韩国之美。寒山苎麻纺织工艺正是寒山夏布的织造工艺。1967年，将寒山夏布指定为本国的重要非物质文化遗产，技能持有人为方莲玉，传授教育助教有朴承月、高分子。同时，这种技艺的所属地舒川郡还设立了寒山夏布馆，对寒山夏布进行普及和宣传。

2.韩国纺织类非物质文化遗产保护的现状

自1962年韩国出台《文化财保护法》至今历经59年，期间政策几经演变，相关管理机构不断完善。

（1）政策历史演变。韩国在1945~1961年经历了非物质文化遗产保护与传承体系的萌芽期；1962~1980年经历了非物质文化遗产保护与传承体系的形成期；进入20世纪80年代，韩国全面开展非物质文化遗产保护与传承工作。从2000年至今，韩

国国内迎来了非物质文化遗产保护政策的世界化，修订了《文化财保护法》，出台了《非物质文化遗产保护与振兴法》。

借鉴韩国的非物质文化遗产保护经验，联合国教科文组织于 1997 年 11 月的第 29 届大会上通过了设立相关制度的决议。2000 年 5 月，国际审查委员会审查了各国提交的 36 个候选作品。5 月 18 日，来自全球 19 个国家的 19 项非物质文化遗产入选人类口头和非物质遗产代表作，其中包括韩国的宗庙祭礼和宗庙祭礼乐。韩国在人类口头和非物质遗产代表作设立过程中发挥了决定性作用，因此受到国际社会的普遍认同。

2002 年，韩国文化遗产保护财团获得特殊法人地位，开始大量实施物质文化遗产和非物质文化遗产相结合的文化遗产的运作工作。例如，利用举办世界杯的机会，在景福宫举办了第 53 届国际足球联合会（FIFA）前夜晚餐活动，该活动中举行了非物质文化遗产的展示演出。

2004 年 3 月 11 日，韩国文化财厅升级为副部级厅，处理文化遗产保护和管理事务的能力显著提高。文化财厅积极推行"文化遗产保卫"运动，鼓励国民主动自觉地保护和管理本国的文化遗产，最终目的是把宝贵的文化遗产完好无损地传承下去。2011 年，联合国教科文组织亚太非物质文化遗产中心成立，作为韩国文化财厅所属的特殊法人，其下设的非常务专业委员会承担文化财委员会审议材料的收集和审核工作。

（2）相关管理机构。韩国非物质文化遗产保护管理机构主要有：文化财厅及下设的文化财委员会、联合国教科文组织亚太非物质文化遗产中心、国立文化财研究所、国立无形文化财院、韩国文化财保护财团等。

文化财厅隶属于文化观光体育部，主要职责是将重要文化遗产审定为国宝或宝物，提供文化遗产状态变更及文化遗产发掘的许可，管理和认定重要非物质文化遗产持有人，提供文化遗产保护和非物质文化遗产传承培训所需的资金支持。

文化财委员会是文化财厅下设的高级审议机构，主要职责是调研和评审文化遗产保存、管理和应用等相关事项。文化财委员会下设的分委员会主要有：历史遗迹分委员会、建筑文化遗产分委员会、园林文化遗产分委员会、天然纪念物分委员会、非物质文化遗产分委员会、近代文化遗产分委员会、民俗文化分委员会、世界遗产分委员会等。

联合国教科文组织亚太非物质文化遗产中心是联合国教科文组织下设的国际机构，由亚太地区 48 个联合国教科文组织成员共同设立，主要职责是保护非物质文化遗产，监督相关合约的履行，加强非物质文化遗产保护的地区与国际合作，组织国际会议等。

国立文化财研究所是韩国唯一的综合性文化遗产研究机构。普通研究机构无法承担的、专业性较强的保护与管理工作主要由国立文化财研究所承担。

国立无形文化财院负责推行非物质文化遗产的传承，策划和组织展览和演出，以及非物质文化遗产教育培训，促进国内外交流合作，收集非物质文化遗产记录，构建信息服务系统等业务。

文化财保护财团的职责包括：扶持非物质文化遗产持有人的活动，举办非物质文化遗产相关演出和展览，传统文化的海外宣传普及，文化遗产学术研究，文化遗产的委托和管理，执行相关文化遗产政策等。

（3）非物质文化遗产及持有人认定。根据《文化财保护法》，非物质文化遗产要具备以下条件：反映民族传统生活的变迁，技术上的传统性，外形上的乡土性，具有历史、艺术、学术价值。

截至2016年12月，韩国已认定了114项国家重要非物质文化遗产和528项市、道非物质文化遗产。

《文化财保护法》规定，指定重要非物质文化遗产时应同时认证相关种类的持有人（或团体）。除了已认定的持有人，对具备持有人资格的优秀人员也可以追加认证。持有人没有法定退休年龄，只要没有出现重大错误，可终身享有持有人地位。

韩国的传承人体系包括持有人、持有团体、传授教育助教、传授生、传授奖学生、名誉持有人等。其中，持有人、传授教育助教、传授生及传授奖学生具有传授人的资格。

截至2016年，传统公演及艺术类传授人数量达到4536名，其次是传统技术类758名，传统游戏及武艺类575名，仪式礼仪类494名，传统生活习俗类29名。可以看出，由于社会需求比较大，艺术技能的传承非常活跃。由于艺术与人民生活息息相关，所以技术项目和持有人数量较多。相比之下，随着社会现代化的加快，传统习俗的传承程度相对较低。

（4）对非物质文化遗产的资金支持。为了促进非物质文化遗产保护，尤其是面临失传的非物质文化遗产，韩国每月向持有人和持有团体提供传承支援金，还设有"重要无形文化才艺、技能公开活动支援金""名誉持有者特别支援金""工艺项目持有人作品购买补助金""国家财政补贴支援金""传授教育馆建设支援金"等。这些资金项目为韩国非物质文化遗产项目的保护和传承提供了有力的资金支持。

3. 韩国对纺织类非物质文化遗产保护的经验与启示

韩国在非物质文化遗产保护方面取得了举世瞩目的成就，同时也得到了联合国教科文组织的认可。其成功经验在于以下四个方面。

一是重视法律法规制度建设，确保非物质文化遗产保护工作的法治化、规范化。通过建立完善法规制度体系，明确了各相关部门的权力和责任，并为传承人的利益提供有效的法律保障。

二是政府机构主动作为。政府重视提升传承人的社会地位，资助传承人开展教学、演出、交流活动，还设立传承人的专项支持基金。这些激励措施确保了非物质文化遗产事业后继有人。

三是重视工作的系统性。主管部门制定并积极开展各种交流活动，通过经验交流和学习提高专业水平。加强与其他机构之间的联系，积极吸引民间资本，充分利用媒体网络平台宣传推广传统文化，确保非物质文化遗产保护与传承工作高效有序开展。严格执行专业技能的考核，强化对教育者的管理与监督，确保传承教育的严密性，保证培训质量。

四是重视传承人的保护和培养。韩国建立了非物质文化遗产项目所在地等多种传承人培养制度，并在高校设立了相关学科，同时建立了各种奖励制度，给予传承人物质与精神上的支持。

三、泰国

泰国地处中国与印度两大文明古国之间，有着 60 多个民族，便于多种文化的碰撞和交融。

1. 泰国纺织类非物质文化遗产概况

1972 年，联合国教科文组织《保护世界文化和自然遗产公约》分开定义了"文化遗产"和"自然遗产"。之后，随着《保护传统文化和民俗的建议》（1989）、《世界文化多样性宣言》（2001）和《伊斯坦布尔宣言》（2002）出台，强调保护人类非物质文化遗产是普遍的意愿和共同关心的事项，提出"非物质文化遗产是文化多样性的熔炉和可持续发展的保证"，重视各社区（尤其是原住民）、各群体（有时是个人）在非物质文化遗产的产生、保护、延续和再创造方面发挥的重要作用，提出非物质文化遗产是密切人与人之间关系以及彼此之间交流和了解的重要媒介。

泰国是联合国教科文组织亚洲总部所在地，也是《保护非物质文化遗产公约》的缔约国。泰国文化部下属的文化委员会（后更名为"文化促进厅"）负责非物质文化遗产保护工作。泰国的非物质文化遗产分为 8 类：语言、民间文学、表演艺术、仪式和节日庆典、传统工艺、社会实践、民间体育游戏、关于自然和宇宙的知识。传统工艺类非物质文化遗产又分为 8 类：布艺和布制品、编织品、漆器、陶器、金属器具、木制品、皮制品、配饰品、当地艺术品、其他产品。2009~2015 年，泰国申报手工艺品类非物质文化遗产国家级项目共 57 项，其中布艺和布制品 15 项，可见泰国纺织类非物质遗产项目在国家层面尤其手工艺品大类中占比还是比较高的。

2. 泰国纺织类非物质文化遗产保护的现状

在手工艺品类非物质文化遗产项目的传承保护工作中，王室的积极参与、突出民族特色以及"一村一品"项目都发挥了重要作用。

（1）王室积极参与。泰国的手工业历史悠久，内涵丰富，但由于经营状况不佳，很多传统手工艺面临失传的危险。诗丽吉王后于 1976 年倡导成立了"王室扶助传统工艺基金会"，招收当地农民参加传统手工艺技术培训，如养蚕、摇纱、印染、纺线织锦、木雕等。一方面帮助贫困农民通过掌握传统手工艺补充家庭收入，另一方面还可以挽救濒临失传的传统手工艺。制作的手工艺品由基金会收购，在城市及旅游景点的工艺品店中销售。目前，该基金会分别在曼谷吉拉达宫和大城府设立了两家民间艺术和手工艺培训中心，拥有5万余名从业人员。

邦塞艺术手工艺中心位于大城府，距离曼谷75千米，是一座特色鲜明的文化主题公园，也是泰国著名的旅游景点。该中心展示了传统泰式房屋、民间艺术和手工艺、传统生活方式和特色文化。邦塞艺术手工艺中心由泰国农业与合作部管理和运营，现有31类培训班，每届学员学习时间为6个月，已累计培养了2万多名手工业者。

（2）突出民族特色。在泰国的布艺和布制品类非物质文化遗产产品中，最著名的当属有着3000多年历史的泰丝。2003年，在泰国召开的APEC峰会上各国领导人身着的泰国民族服饰就是由加入金线的泰丝制成的。由于泰丝工艺复杂、成本较高，难以和其他服装制品竞争。泰国不断提高泰丝生产的科技含量，提高质量的同时降低成本，还积极进行市场开拓，提高产品的时尚度。泰丝的保护不只是局限于非物质文化遗产文化的静态保护，还通过市场流通得以动态传承。例如，Jim Thompson就是泰国大力打造的著名泰丝产品品牌。

金·汤普森（Jim Thompson）是美国人，1950年在泰国成立了丝绸公司。1951年因歌舞剧《国王和我》使用了该公司的丝绸制作戏服而名声大噪，泰国丝绸从此享誉世界。Jim Thompson品牌将传统泰丝工艺与现代流行风格相结合，其产品设计具有很高的艺术价值。为泰国诗丽吉王后定制的高级服装、百老汇音乐剧和好莱坞影片中都可以看到Jim Thompson的产品。

金·汤普森居住过的泰式住宅被改造为丝绸博物馆，陈列着各式泰国丝绸和制品，博物馆还不定期举办丝绸手工艺展览。该博物馆由于特色鲜明、展品丰富而成了曼谷著名的旅游景点，对该品牌起到了绝佳的宣传推广作用。

Jim Thompson品牌还成立了泰丝基金会，资助对象为泰国国籍的大学生、学者和独立研究人员，推动与丝绸相关的社会学、人类学和艺术史研究，资助传统纺织品的功能、发展历史、创作风格和技艺研究。

（3）开展"一村一品"项目。泰国于2001年开始实施"一村一品"计划，中央及地方政府都设立了"一村一品"委员会。按照该计划，政府帮助扶持每个村镇利用当地特色自然资源和材料开发富有文化内涵的传统特色产品。

2001年，泰国政府拨给全国4.5万个自然村100万泰铢，由各村自主决定用于主导产品开发，泰丝、木雕、织锦、银饰、民族服装等传统手工艺重现生机。为了帮助村民开发和推广自身产品，政府成立了工作小组，帮助各村制订产品开发、融资、营销、出口活动。

泰国政府建立了"一村一品"星级认证体系，设立专门委员会开展示范村评选活动，选出近500项优秀产品并将其正式注册为"OTOP"（"一村一品"）产品，这些产品可以享受政府的各项支持和优惠。政府在旅游景点和机场设立了"一村一品"产品展销中心，设立了电子商务网站进行全球推广，使"OTOP"产品打入了国际市场。许多外国的展会、节庆活动，政府都会制订相应计划，把"一村一品"推广出去。

政府还吸引外国游客前往这些村庄观光旅游，宣传本国的特色产品。在此项目上发展起来的一些手工艺生产村落，现在已经成了知名的旅游景点。村落的手工艺文化本身已经成为旅游的一部分，通过场景性、故事性促进销售，手工艺商品的价值得到提升。例如，清迈塔未木雕村、清迈尚甘亨地区的纸伞泰丝工艺村、南邦的他那博迪瓷器博物馆等。这些产业集中区周边运输业发展也比较完善，大件物品可直接货运或快递至世界各地。

3. 泰国对纺织类非物质文化遗产保护的经验与启示

泰国非物质文化遗产保护和传承的特点主要有以下三个方面：

一是发挥王室等领袖和精英的引领作用。这两类人群在泰国有着至高无上的地位，能够在舆论上影响民间文化的发展。王室等领袖和精英积极主动地参与文化传承与推广宣传，能够有效地促进传统文化的传承和保护。

二是探索新的产业化发展途径。泰国政府在非物质文化遗产保护方面有独到见解。"非物质文化遗产"这个词来自英语，在泰语中最初被翻译成"无法触摸的文化遗产"，后来又将之定义为"智慧型文化遗产"。泰国政府认为，非物质文化遗产也是具有物质性的，并非不可触摸，承认它的可物化性，鼓励非物质文化遗产走产业化传承道路。泰国依托自身旅游业发达的优势，发展多元的文化创意产业，有效地保证了非物质文化遗产保护的可持续发展，弥补了政府投资的不足。

此外，泰国政府在鼓励文化产业发展的同时，也十分重视对其进行正确引导。通过行政话语权与市场话语权的互相平衡，非物质文化遗产保护得到了健康有序的发展。

三是"以人为本，自下而上"的发展模式。泰国在非物质文化遗产保护中注重以人为本，强调民间力量的参与，尤其注重对青少年的培养。泰国在非物质文化遗产保护中致力于调动人的文化自觉，打造以人为主体的生机无限的文化生态环境，注意保护非物质文化遗产的生存土壤。注重保护当地的生活方式和文化环境的原生态，这也是非物质文化遗产保护的根本原则。

四、亚洲其他国家

1. 印度尼西亚

印度尼西亚拥有超过 350 个民族，既有物质文化遗产，也有非物质文化遗产。

印度尼西亚于 2007 年 7 月 5 日加入联合国教科文组织的保护非物质文化遗产公约。在印度尼西亚，保护非物质文化遗产的工作分别由国家政府、地方政府和社会群落三个层级承担。

目前，印度尼西亚拥有 11 项联合国教科文组织非物质文化遗产名录项目。其中，纺织类项目包括：印度尼西亚蜡染印花工艺（2009），印度尼西亚北加浪岸的蜡染布博物馆——小学、初高中、职业学校和工艺学校的非物质文化遗产教育和培训（2009），巴布亚人诺肯多功能用袋手工编结或纺织技艺（2012）。

印度尼西亚的蜡染印花工艺渗透到印度尼西亚人人生的各个阶段：婴儿用的蜡染布吊带装饰图案象征着给孩子带来好运，葬礼也会用到蜡染印花布，而婚礼和怀孕等庆祝场合，以及傀儡戏和其他艺术形式中会用到特殊图案的蜡染产品。用融化的蜡在织物上画出图案，将布料浸在一种颜料中，蜡可以阻挡植物和其他染料，取出后用热水去除布料上的蜡。如果想得到更多颜色，只需要重复这个过程。蜡染与印度尼西亚人民的文化认同密不可分，蜡染印花工艺通过其颜色与图案，展现印度尼西亚人的创造力和精神状态，图案可以是阿拉伯书法、欧洲的花束和中国的凤凰，也可以是日本樱花、印度或波斯的孔雀（图5-4）。

图5-4　印度尼西亚蜡染印花工艺项目

印度尼西亚蜡染是一种传统的手工制作的抗染纺织品，具有无形的文化价值，自19世纪初以来在爪哇和其他地方世代相传。蜡染界指出，年轻一代对蜡染的兴趣正在减弱，并感到有必要加大力度传播蜡染文化遗产，以确保其得到保护与传承。因此，相关机构正在致力于在年轻一代中提高对印度尼西亚蜡染文化遗产的认识和欣赏，包括其历史、文化价值和传统技能。要想使蜡染在印度尼西亚继续传承发展，就需要通过将其传给下一代来保护这一非物质文化遗产；通过提高印度尼西亚从事蜡染行业的人员的社会地位来确保对非物质文化遗产的尊重，从小学、初中、高中和职业学校到高校，增设各种与蜡染相关的正规教育课程的内容以加强对非物质文化遗产的重视程度。

巴布亚人诺肯多功能用袋手工编结或纺织技艺是一种通过打结或编织的方法制作背袋的技艺，诺肯袋在印度尼西亚巴布亚地区被广泛使用，尤其是分布在巴布亚中部高地的部落将诺肯袋作为日常用品携带、存放物品或携带小婴孩的工具，同时诺肯还是和平、富饶、美好的象征。诺肯袋的携带方法独特，当地人在使用时会将其悬挂在头顶，用于承担重物。

诺肯袋由纯手工编织而成，当地人将树枝、树茎、树皮进行切割，在沸水中浸泡，剩余的木纤维在晒干后被搓成绳，再采用编织或打结的技艺将其制作成网状的诺肯袋，有时还会使用天然的染料赋予其颜色。现在制作和使用诺肯袋的人数正在减少，传统意识的削弱、手工艺人数量的减少、工业包装袋的制造等问题给技艺的传承带来很大挑战。

诺肯袋的制作过程烦琐，需要良好的手工技能和耐心，制作一个大尺寸的诺肯袋一般需耗时 3 周甚至 2~3 个月。印度尼西亚巴布亚的女性从小就必须学习制作诺肯袋，学会制作诺肯袋是女性成年的标志，也是她们能够进行婚配的重要条件。这项技艺于 2012 年被联合国教科文组织纳入急需保护的非物质文化遗产名录。

2. 伊朗

截至 2020 年，伊朗成功申请世界非物质文化遗产代表作名录 16 项，其中纺织类非物质文化遗产项目 2 项，即法尔斯地毯编织传统技艺（2010）和卡山地毯编织传统技艺（2010）。

伊朗的地毯编织在世界上享有盛名，位于伊朗西南法尔斯的地毯编织便是其中的代表。男性在春天或秋天剪下羊毛，然后在地上安放好水平式织机，而女性将羊毛绕成纺线。使用的染料都是纯天然的，用茜草、靛蓝、莴苣叶、核桃皮、樱桃枝茎、石榴皮制作红色、蓝色、棕色和白色的染料。编织工作首先是把彩色纺线在羊毛纬线上打结制成地毯布，然后把地毯缝边，并把多出的羊毛烧掉，最后清洗地毯。地毯编织过程首先从设计开始，地毯图案取材于游牧生活的场景，由于不使用任何设计图，所以没有两条一模一样的地毯。编织地毯的技能都是经过口头和实践传承的，母亲教女儿材料和工具的使用技术，而父亲教儿子剪羊毛和组装织机（图 5-5）。

图 5-5　法尔斯地毯编织传统技艺

卡山是著名的地毯制作中心，本地几乎 1/3 的居民从事地毯编织工作，织工中 2/3 是妇女。这里的织布机叫作"达尔（Dar）"，经线和纬线用的是棉线或丝线，绒面是用波斯结法把羊毛绒线或丝绒线绕在经线上打结形成的，波斯结（也称为非对称打结）在卡山得到了广泛使用。地毯的背面打的结精细均匀。打结后还要把住一排编好的纬线，然后用梳子敲打（图 5-6）。

图 5-6　卡山地毯编织传统技艺

第二节　欧洲与美洲

欧洲与美洲文化对世界的影响力无论从哪个时期来说，都是不容忽视的。欧洲与美洲非物质文化遗产保护、传承与发展方面的措施和经验，具有重要的研究和借鉴价值。

一、法国

法国签署联合国教科文组织《保护非物质文化遗产公约》以来，为履行公约要求，在机构设置、遗产编目、保护与开发以及国际合作方面采取了很多措施，有力促进了法国的非物质文化遗产保护。

1. 法国纺织类非物质文化遗产概况

截至 2020 年，法国已成功申请世界非物质文化遗产代表作名录 21 项，其中纺织类项目 2 项：奥布松挂毯编织技艺（2009 年）和阿朗松的针织花边技艺（2010 年）。

奥布松挂毯是世界各地的通行标准，以致"奥布松"已经成为一些语言所共有的名词。奥布松挂毯工艺由奥布松图像编织方法和克勒兹地区其他地方的工序组成，已有数百年的历史，主要用于制作大型墙壁装饰挂毯，也用于地毯和家具制作。织造一块奥布松挂毯多名编织工匠配合完成，由此创造了大量工作机会（羊毛生产和纺织、销售、副产品、博物馆、展览会以及旅游业）。为避免传承的脉络中断，保持制作工艺水平稳定发展，必须激发年轻人对这项传统工艺的兴趣，从而传承这项传统工艺。奥布松挂毯可以以任何艺术风格的形象为基础，基础图像由纸质模板设计者绘制，编织由一名织工手工完成。织机水平放置，使用经过家庭手工染色的纱线，织工在挂毯背面工作（图 5-7）。

阿朗松的针织花边技艺发源于法国西北诺曼底阿朗松，是一种独特的花边技艺，使用该技术的镂空织品在民间和宗教生活中常起到装饰作用，成品是把设计的元素缝制在一起的网眼状织物。阿朗松针织花边对针艺的要求非常高，需要很长时间才能完

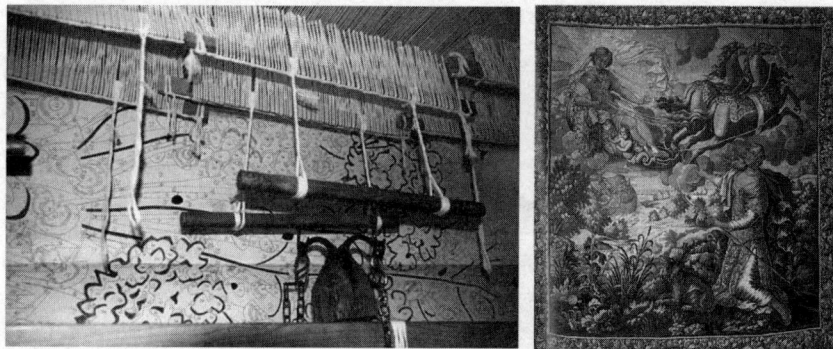

图 5-7 奥布松挂毯编织技艺

成（每平方厘米需要 7 小时）。织绣的过程首先是在羊皮上绘制图案，并沿着图案轮廓用针点刺，形成图案的大纲和针织基底，接着用线把图案轮廓缝出来，采用各种装饰手法在轮廓中间加以填充产生阴影，最后用绣针制造浮雕的效果。随后用镊子把羊皮纸揭下来，对织品进行修剪，最后用龙虾的爪子进行抛光处理（图 5-8）。

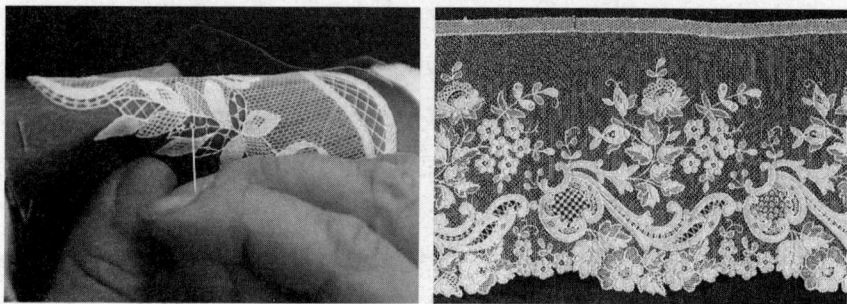

图 5-8 阿朗松的针织花边技艺

全面掌握阿朗松针织花边技艺需要 7~10 年的培训，传承的实现只能通过口头传授和实践教学，学习过程完全仰仗于专业花边绣工与学徒之间的密切关系。每位阿朗松花边绣工都需要掌握织绣每一个阶段的技能，这只有通过学徒期间不断进行实践才能达到。

2. 法国纺织类非物质文化遗产保护的现状

法国非物质文化遗产保护方面工作开展较早，在缔结联合国教科文组织《保护非物质文化遗产公约》之前，法国已经在这一领域积累了丰富的经验。尽管其在非物质文化遗产保护方面取得了丰硕成果，但也存在一些缺点，如：政府部门和民间团体对非物质文化遗产保护行动的协调不畅，跨部门、跨团体协作机制不健全等。对于存在的这些问题，法国也在实践中不断思考、调整相关措施。

法国非物质文化遗产保护的工作机构主要是非物质文化遗产中心（CFPCI），被法国文化与宣传部指定为"有能力保护国土上非物质文化遗产的单位"。另一个保护机构是隶属于法国文化与宣传部的文化遗产总署及科学研究和政策领导司，负责具体实施联合国教科文组织《保护非物质文化遗产公约》。文化与宣传部的其他一些相关部门也担负相关工作。根据具体的需要，法国文化与宣传部的大多数部门都有可能负责一些与《保护非物质文化遗产公约》有关的工作和项目。因为《保护非物质文化遗产公约》所涵盖的领域牵涉文化行政管理中的众多部门，例如，艺术创作总署（向传统音乐与舞蹈艺术中心提供支持，也为传统技艺、手工艺的保护传承提供支持）、法语与法国境内其他语言总署（为保护地区语言提供支持）、媒体与文化产业总署（通过法国国家图书馆联合了众多传统音乐和舞蹈艺术中心），以及文化与宣传部总秘书处（参与国际性事务并为世界文化之家提供支持）。

另一种保护机构是负责管理的培训机构。在法国，很多公立、私立大学，高等教育和研究机构都提供人学方面的教育培训，其中或多或少都涉及有关非物质文化遗产保护的内容。图尔大学、斯特拉斯堡大学提供的专门教育与培训，儒勒·凡尔纳大学、雷恩二大、巴黎十大、波城大学以及巴黎一大提供的针对非物质文化遗产的短期培训项目，还为国家公职人员提供有关非物质文化遗产的继续教育课程。

还有一种保护机构是文献资料机构。如：生活环境博物馆与社会博物馆联合会、传统音乐舞蹈协会联合会、国家级人种学研究与资料中心（加拉中心、罗讷河之家、萨拉贡收藏博物馆、大区人种与技术文化中心）。这些都是在非物质文化遗产保护，特别是资料整理保存方面非常活跃的非政府组织或机构联合体。

目前，法国有两大非物质文化遗产名录，均由法国文化与宣传部（科学研究和政策领导司）负责管理和修订。

第一是非物质文化遗产名录索引，包含不同主题或地理区域的非物质文化遗产。其编写目的是收集、整理《保护非物质文化遗产公约》出台以前，不同团体、地方社群、研究与文化机构已经编制的有关非物质文化遗产的名录。第二是法国非物质文化遗产名录，于2008年创立。

法国将非物质文化遗产保护开发纳入社会发展大局。制定了相关的立法措施、开发措施，鼓励科学、技术、艺术研究，提高遗产保护效率。除对非物质文化遗产进行清查、编目和保护外，还确保它们得到承认、尊重，并使其继续、发扬、传承下去。对于前者，主要是国家在制定相关的法规；而对于后者，目前是各类协会团体和地方政府在发挥主要作用。这些工作都离不开国家相关部门，特别是文化与宣传部的支持和协助，其中也包括文化与宣传部与世界文化之家所做的协同工作。

法国在编制非物质文化遗产名录、解释本国非物质文化遗产政策方面重视国际合作，在国际范围内进行信息交流与共享，与联合国教科文组织、世界文化之家、各国非物质文化遗产研究者合作，在国际范围内形成非物质文化遗产保护经验的共享机制，通过一系列国际性活动，发现和分享世界各地不同形式的非物质文化遗产。

3. 法国对纺织类非物质文化遗产保护的经验与启示

（1）大众化普及与生活化转型。通过"文化遗产日"等活动，将非物质文化遗产融入公共文化服务体系，让"非物质文化遗产"走进寻常百姓家，可以提升全民的非物质文化遗产保护意识，促进非物质文化遗产知识的大众化普及，打造非物质文化遗产的特色"生活美学"。此外，还可以将非物质文化遗产与创意设计相融合，创造出更多贴近生活的文化产品，拓展非物质文化遗产的文化内涵。同时，要注意与单纯的商业化行为区分，非物质文化遗产的生活化转型需要平衡文化内涵与经济效益之间的关系。

（2）人本化传承与法治化保护。非物质文化遗产保护需要健全完善的法制体系作后盾。传承人是非物质文化遗产的承载者和传递者，保护传承人，是非物质文化遗产管理工作的重要内容之一。法国通过制定培养传人、资助传承人传习技艺的相关制度，设立专项资金改善传承人的生活和从艺条件，这些措施有效促进了非物质文化遗产传承和保护工作的开展。

（3）国际化发展与社会化参与。通过国际化的语言将非物质文化遗产深层次文化内涵传播到全世界，这是非物质文化遗产"走出去"的关键问题，法国在非物质文化遗产保护过程中重视公众的参与，使整个社会加入非物质文化遗产的保护和推广，鼓励参与方式和内容多样化。营造公众参与非物质文化遗产保护的氛围，改善非物质文化遗产生存的环境。

二、德国

德国加入联合国教科文组织《保护非物质文化遗产公约》比较晚，但是在非物质文化遗产保护方面成果丰富。

1. 德国纺织类非物质文化遗产概况

截至 2020 年，德国共成功申请人类非物质文化遗产代表作名录 5 项，其中纺织类项目 1 项：欧洲蓝印花布印染技艺（2018 年），由德国、奥地利、法国、瑞士、挪威联合申报。

欧洲蓝印花布印染技艺是在染靛蓝色之前将抗染色膏印在布上的一种制作手法。抗染色膏可防止染料渗透破坏设计图案。在将设计图案印到布料上时，制作者会使用一些拥有近 300 年历史的印模，这些手工制作印模上刻有具有地方特色的图案、常见图形或基督教符号。如今，这种制作方法主要存在于家庭作坊中，多由第二代至第七代印刷商经营。传统工艺都记录在 19 世纪的日志中，其中大部分日志为家族所有（图 5-9）。

2. 德国纺织类非物质文化遗产保护的现状

德国的非物质文化遗产保护工作在联邦、联邦州、州内城市及地方和其他机构四个层面展开。

（1）联邦层面。德国宪法规定，文化活动属各联邦自主管理但保有联邦层面上的立法权。

1949 年开始，德意志联邦共和国颁布了 5 部与文化遗产保护相关的法规，即：

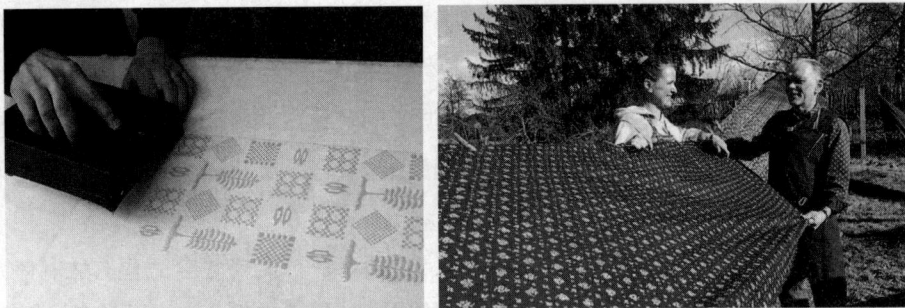

图5-9 欧洲蓝印花布印染技艺

《文化遗产保护法》《文化遗产归还法》《关于联邦法规中应顾及文物古迹保护的法规》《在武装冲突中保护文化遗产的法规》和《关于实施联合国教科文组织1970年11月14日发布的有关禁止和防止文化遗产的违法进口、出口和转让之措施的法规》，从联邦层面上为非物质文化遗产保护工作确立法律框架。

1951年7月，联邦德国加入联合国教科文组织，德国联合国教科文组织委员会于1950年5月组建，由联邦议院和联邦政府、各州文化科学部、科学机构以及公民代表组成，代表了德国从事相关领域的机构和协会。委员会的资金源于德国外交部和社会捐赠。委员会的工作范围包括教育、科学、文化和交流四个领域，其中文化领域的职责包括：在德国召开的联合国教科文组织世界遗产大会的组织工作，推动德国申报世界非物质文化遗产。委员会下设非物质文化遗产专家委员会，于2015年设立，评委由外交部及各联邦州代表、联邦政府文化媒体专员、德国家乡与环境联盟以及各地区主要协会的专家组成，三年一届。专家委员会的职责包括：审查、遴选文化部长会议报送的候选名单，确定《联邦非物质文化遗产名录》；从目录中择优申报联合国教科文组织的人类非物质文化遗产代表作名录、急需保护的非物质文化遗产名录及优秀保护实践名册。

专家委员会定期召开全体成员大会，制定、发布下一年工作目标的具体实施决议，每年发布年度报告及年鉴，总结当年工作。此外，每年发行相关的专题出版物，宣传并推进非物质文化遗产保护工作，如2016年出版的《非物质文化遗产促进措施手册》。

联邦层面的另一个非物质文化遗产保护组织是于2002年5月21日成立的联邦文化基金会，由联邦文化媒体专员代理，受联邦政府文化媒体事务处资助。联邦文化基金会的主要职责之一是资助具有国际合作背景的创新文化项目，还对研发新的文化遗产保护方法、开发文化及艺术知识潜力提供资助，为自治的基金会及项目提供资金支持，如社会文化基金、多瑙辛根音乐节、文化灯塔等。

联邦文化基金会对非物质文化遗产保护的资助项目主要有：针对具有国际合作背景的大型创新性项目的"普通项目资助计划"和针对文化遗产舞蹈项目基金、自由团体与指定舞蹈及话剧院合作基金、表演艺术基金等的"特定项目资助计划"。

联邦层面的非物质文化遗产保护组织还有教会和文化及教育志愿服务中心联合会。教会通常以免费提供排练和表演场所的方式支持非物质文化遗产相关的公益活动；文化及教育志愿服务中心联合会由德国联邦家庭、老年、妇女及青年部提供资金，组织实施一系列文化教育方面的社会活动，如"联邦文化及教育志愿服务""国际文化及教育志愿服务"和"文化社会年志愿服务"。

此外，一些联邦机构也为非物质文化遗产保提供资金支持。如：由德国公益组织联盟发起的"德国奉献奖"，表彰和资助为教育、文化和社会有突出贡献的公益项目和志愿者。德国联邦教育与科研部定期发布科研资助项目与资助项目指南，手工艺等实践经验（包括非物质文化遗产）类项目也在资助范围。该资助计不仅适用于高等院校，对校外科学研究机构同样开放，以便更多让非专业人员和普通公民加入研究工作。

（2）联邦州层面。在德国，各个联邦州负责自身的文化保护。各联邦州对辖区内文化遗产保护十分重视，均出台相关法律法规。德国 16 个联邦州中，除汉堡以外，其他联邦州都在州宪法中明确了保护文化和促进文化发展的义务。各联邦州非物质文化遗产行政管理部门的名称并不统一，但核心任务基本相同，即制定本州内非物质文化遗产名录并推选《联邦非物质文化遗产名录》候选项目。

各州政府对于本地的非物质文化遗产保护都予以经济支持，各联邦州政府均设立文化基金会，并由政府拨付资金。文化基金会的任务是：资助取得对德国文化意义重大、极具保护价值的文化证书；资助并参与德国艺术与文化的展示与汇编计划；资助跨地区及国际重要艺术与文化计划。德国所有公共博物馆、图书馆、档案馆以及其他机构，均可向所在联邦州文化基金会提交申请。各州政府对非物质文化遗产的资助方式多样，以巴伐利亚州为例，资助渠道有巴伐利亚文化基金、全州性的基金会（巴伐利亚州立基金会、巴伐利亚储蓄所基金会等）以及一些州地方性民间协会。

（3）州内城市及地方。城市、区县和乡镇负责保护非物质文化遗产及其代言人。城市、区县和乡镇除了提供资金以外，还要为各种文化活动提供场所。

（4）其他机构。其他非物质文化遗产保护机构主要是民间社团，民间社团对当代德国社会生活有巨大影响，并在历史文化遗产保护方面发挥了重要作用。商业方面的措施主要是相关的文化产业和旅游业，不仅带动了文化遗产和传统产业的发展，还为文化遗产保护提供资金支持。

3. 德国对纺织类非物质文化遗产保护的经验与启示

（1）依托完善的法律体系。德国非物质文化遗产保护立法起步早、体系完备。针对非物质文化遗产保护的立法可以追溯到 16 世纪，远早于包括中国在内的其他国家。除了联邦制定的非物质文化遗产的指导性法规外，各联邦州、城市乡镇等层级也颁布了自己的相关法律法规、保护措施及解释法。此外，一些历史悠久、影响力大的全国及地方性民间社团还颁布了非物质文化遗产保护的倡议和规定。这些倡议和规定对官方法律法规起到了很好的补充作用，进一步完善了德国非物质文化遗产保护的法律体系。德国关于非物质文化遗产保护的法律法规条款全面细致，除了宏观的指导性法规，还有针对单项非物质文化遗产的专门法。这些法律具有良好的可操作性。

除了专门法规，一些其他法律法规中也包含非物质文化遗产保护的条款，例如《知识产权法》和《所得税法》等，关于知识产权保护及艺术从业者收入的相关条款也是对非物质文化遗产的保护。

（2）提供全面的资金支持。德国各级政府为非物质文化遗产保护提供资金支持，主要包括以下几种。一是官方机构提供资金；二是设立表彰性奖项，对在非物质文化遗产保护领域内做出突出贡献者提供奖励，激发民众对非物质文化遗产保护的热情；三是资助相关科研项目，受资助范围已从高校内扩展到高校外；四是对相关民间社团的资助，例如，巴伐利亚家乡文化协会70%~80%的运营经费都来自巴伐利亚州政府的财政拨款。德国联邦、州与地方政府用于文化领域的公共支出规模2009~2014年始终保持在每年91亿欧元的水平。其中，联邦政府财政支出占全部支出的13.4%，州政府财政支出占全部支出的42.2%，地方政府财政支出占全部支出的44.4%。

（3）构建层次清晰、严密的组织系统。德国的非物质文化遗产保护工作由联邦政府牵头，通过立法进行顶层设计，为非物质文化遗产保护工作设置了总体框架。同时，包含非物质文化遗产保护在内的文化事业全权由联邦州负责，充分发挥联邦及地方政府的主观能动性。德国政府还根据宪法和相关法律，明确了教会组织在管理其物质与非物质的宗教遗产方面的绝对自主权。

民间社团在德国拥有悠久历史与广泛的民众基础，非物质文化遗产保护的理念得以深入人心，保护工作也得以延伸到社会各个角落，形成了全方位、立体的保护体系。德国境内大部分非物质文化遗产保护工作通过官方体系外的民间社团承担，各级政府机构通过资金、政策等手段保障民间社团在非物质文化遗产保护方面发挥作用。

（4）树立先进的保护理念。一是充分调动社会力量。德国非物质文化遗产的保护大部分是通过非政府组织和机构托管实现。它们数量众多、功能齐全，不仅出版各种书籍和手册，还开展各种培训活动，设立奖学金。这些措施不仅吸引了民众参与，而且加强了知识的传播，激发了公众的积极性。与德国相比，中国非政府组织对非物质文化遗产保护的参与还远远不够。

二是充分发挥教育机构的功能。在中小学校开设相关课程和展览，激发儿童青少年的兴趣，培养家乡文化和非物质文化遗产保护意识。同时支持高校、科研机构和社会力量开展非物质文化遗产保护的科学研究，鼓励高校建立非物质文化遗产保护学科，将保护工作的实践经验提升到理论高度，为保护工作提供坚实的理论指导。

三、秘鲁

由于自然环境、文化特征、民族结构、社会结构等因素的影响，拉美文化具有典型的多样性。秘鲁在文化遗产领域采取了许多措施，保持和进一步促进文化多样性取得了良好效果。

1. 秘鲁纺织类非物质文化遗产概况

截至 2020 年，秘鲁成功申请人类非物质文化遗产代表作名录、优秀实践名册 12 项，其中纺织类 1 项：塔奎勒岛及其纺织工艺项目（2008 年）。本项目主要涉及塔奎勒岛的文化空间和纺织艺术，当地每个人每天都要穿这些纺织品（图 5-10）。

图 5-10　塔奎勒岛及其纺织工艺项目

塔奎勒岛位于秘鲁的安第斯高原的的喀喀湖，属于普努部落。20 世纪 50 年代以前，塔奎勒人一直与大陆隔绝，部落与家族的观念非常浓厚。塔奎勒岛上的纺织习俗可追溯到古老的印加、普卡拉、考拉文明，至今仍保留着西班牙殖民入侵前的安第斯文明的痕迹。

纺织品用古老的脚踏式织布机织出。最有特色的衣服叫作"扣勒"，带有御寒耳罩的编织帽和记述宗教、农业活动的日历腰带。现在，塔奎勒纺织图案已经引入了当代的符号和图像，但它仍然保持着传统的风格和制作技术。

2. 秘鲁纺织类非物质文化遗产保护的现状

秘鲁的非物质文化遗产保护工作具有鲜明特色，体现在以下几方面。

（1）分工与运作模式。2003 年，联合国教科文组织第 23 届大会上通过《保护非物质文化遗产公约》。同年，隶属于秘鲁国家文化研究院的秘鲁文化登记与研究局创立，负责对该国的各项习俗、手工艺、节日、医药、口头传统等进行评估，并对其中符合非物质文化遗产特征的项目展开登记和研究。2004 年，秘鲁颁布的《国家文化遗产总法》明确规定，国家文化遗产保护工作的主要职责部门为国家文化研究院、国家图书馆和国家档案馆。2010 年 10 月 1 日，秘鲁国家文化研究院更名为秘鲁文化部，在保留原有组织架构的基础上拥有了更多的行政资源和权力，将秘鲁国家图书馆、秘鲁国家档案馆、秘鲁广播电视研究院和盖丘亚语言学院等机构都纳入其管理范围。同时，非物质文化遗产保护的法律法规、管理政策的制定、实施与监督也由秘鲁文化部从国家层面统一管理。这项对文化管理的系统化改革举措将原本较为松散的管理部门整合并统一提升至国家部委层级，反映出秘鲁政府对文化领域的相关工作开始给予更多重视。

拉美地区非物质文化遗产保护中心的报告指出，国家支持该中心在非物质文化遗产保护中的关键作用。国家要充分认识保护非物质文化遗产的重要性，增强民众信心，改变民众"文化属于精英"的错误观念。该报告还指出，政府应充分重视每一个地区的公民的人权、教育和就业，他们是文化的真正创造者，以便顺利推进非物质文化遗产的保护进程。

秘鲁文化部下属的文化遗产总局主要负责文化遗产相关工作，下设四个部门：物质文化遗产管理局、非物质文化遗产管理局（原文化登记与研究局）、世界遗产所在地管理局和文化景观管理局。非物质文化遗产管理局的主要工作职责是：登记现有非物质文化遗产组织并编制名录；鼓励开展国家级非物质文化遗产的相关科研项目；推动非物质文化遗产传播，推动文化的跨地区、跨群体管理；与大学、研究中心和文化推广组织合作，开发和利用信息网络；建议并缔结国家和国际技术或财政合作协议；促进非物质文化遗产申报工作；在职责范围内提供专业咨询服务；提供相关问题的解决方案；完成秘鲁文化遗产保护总局交办的其他任务。

与文化遗产总局平级的秘鲁文化遗产保护总局也参与非物质文化遗产保护。除了直属于秘鲁文化部的非物质文化遗产管理局以外，还有多个公立和私人机构在非物质文化遗产保护中承担职责。

国际合作方面，2006年2月，秘鲁向联合国教科文组织申请并最终达成协议，在秘鲁古印加文化遗址所在地库斯科建立了拉美地区非物质文化遗产保护中心。该机构旨在推动拉美各国制定相关政策，实施并支持对拉美地区非物质文化遗产的保护。该中心的成立在很大程度上打破了国家边界给拉美地区非物质文化遗产保护造成的限制。这一专门围绕非物质文化遗产保护的地区合作机构的成立，体现出秘鲁政府对这一问题的关注，标志着联合保护文化遗产逐渐成为拉美各国的共识。2007年，该机构已与伊比利亚美洲国家组织、安德烈斯·贝略公约缔结国组织和拉丁语联盟签署合作协议，开展的各项活动均得到了来自玻利维亚、巴西、哥伦比亚、智利、厄瓜多尔、乌拉圭等其他拉美国家的支持。拉美地区非物质文化遗产保护中心的成立也使秘鲁政府得到联合国教科文组织的更多资金支持。

在非物质文化遗产的宣传方面，秘鲁出口和旅游促进委员会在其官方网站上设置了介绍秘鲁的非物质文化遗产的专门模块，秘鲁广播电视研究院一直致力于对重要的非物质文化遗产情况做非官方的调查与登记工作。

在非物质文化遗产的研究方面，位于利马的秘鲁天主教大学的研究学者们在研究非物质文化遗产这项重要的人文科学中投入了大量的心血，该校还推动了数个值得关注的非物质文化遗产保护项目的成立。除此之外，还有多所大学的部分院系、部分私立组织也为秘鲁非物质文化遗产的科研工作贡献了力量。

（2）政策与法规体系。由于非物质文化遗产的特殊性，秘鲁文化部在制定相关法规政策时遇到各种困难。造成困难的首要原因是，相较物质文化遗产而言，以非实体形式存在的文化遗产的可见性较弱，使民众对它的了解和关注比较缺乏，为课堂上的教学与普及增加了不少难度，因而不利于理解保护非物质文化遗产的重要意义。另外，不少秘鲁民众都受到固化的错误观念的影响，认为"传统"与"现代"是两个完全对立的概念，因此在普遍追求政治、经济、文化、教育等方面的现代化和全球化发展的愿景下，秘鲁政府倡议保护非物质文化遗产这一看似完全"回归传统"的举动起初未能得到社会的一致响应。

为改变社会舆论观念，激发社会对非物质文化遗产的保护意识，在国家层面为各个部门与机构申请、保护和研究非物质文化遗产提供便利，秘鲁各级政府出台了一系列政策与计划，鼓励非物质文化遗产进入商业市场并将物质文化遗产视为非物质文化遗产的一部分，促进两者协调发展；开展非物质文化遗产的追根溯源工作；鼓励工作坊、图书馆等相关文化交流组织的成立；积极参与国际文化交流。

任何政策与项目的有效实施都离不开法律的保障，然而由于秘鲁的法律界在意识到非物质文化遗产保护的重要性初期对这一对象仍比较陌生，非物质文化遗产保护的各个环节的相关立法几乎空白，缺少相关问题的研究。另外，立法将对一部分人的利益产生影响，因此有关非物质文化遗产保护的法律出台也遇到来自各方面的阻力。

秘鲁对物质文化遗产的立法工作开始于 20 世纪 30 年代。1930 年就颁布实施了《文化遗产保护法》；1999 年，秘鲁在 6 个城市设立专门保护民族文化遗产的特别检察官，职责是保护城市里的文物古迹。2004 年，秘鲁正式加入联合国教科文组织《保护非物质文化遗产公约》，成为缔约国。同年 8 月，秘鲁政府通过文化遗产总法。该法案在定义文化遗产的概念时注明，拥有古生物学、考古学、建筑学、历史、艺术、军事、社会、人类学、宗教、民族学、科学技术等方面重要价值的，无论是有形还是无形的文化载体都属于保护范围。符合条件的物质与非物质文化遗产均享有在该法案规定范围之内，来自公共或私人的资源与保护。2004 年 12 月，秘鲁国家文化研究院发布 1207 号决议与 002 号指导意见。这一举措的关键意义在于明确了非物质文化遗产保护的指导框架，规定了申报国家文化遗产的程序，允许各个大区推荐申报，并考虑将评估非物质文化遗产的权力下放到各个大区，加强民主参与，优化管理等。

自 2007 年末开始，秘鲁的非物质文化遗产保护有了针对性更强、更正式的法律保障。2007 年 9 月 13 日，联合国大会通过《原住民人权宣言》，设立相关标准，保护每一代原住民的经济、社会与文化方面的各项权利。由于原住民群体是秘鲁非物质文化遗产的重要来源，这一国际宣言也为秘鲁的立法提供了关键理据。

3. 秘鲁对纺织类非物质文化保护的经验与启示

秘鲁在非物质文化遗产保护方面的宝贵经验有利于对我国非物质文化遗产保护工作提出有效的政策建议并起到重要的启示作用。

秘鲁在非物质文化遗产保护方面遵循拉美各国发展的核心思想与宏观战略，倡导多元文化并存，尊重文化与文化之前的差异，拓宽渠道，鼓励各种文化融入民众生活。

推动公民积极参与，将尊重文化多样性与社会发展联系起来，向民众展示艺术对发展的潜在推动力量。

强化法律制度保障，做好自身体系建设，优化部门内部来自不同文化背景的工作人员之间的沟通机制；制定战略指示、具体目标明确的工作计划；为全国各地区政府及各部门开展文化管理工作、落实文化政策项目提供顾问及指导；运用新兴的科技通信手段和图书馆建设加大宣传力度，形成与民众之间有效的传播与沟通机制；建设国家层面的文化资源数据库并向民众公开；与高校建立合作机制，坚持鼓励和开展有关文化习俗、生活习惯等文化领域各个要素的定性定量的科学研究；保障并监督各项国内国际与本国文化相关的法规及公约的实施。

鼓励文化创作发展，为艺术创作提供自由空间、基本条件、法律保障等，与本国私人企业以及美洲、欧盟、亚洲等国家开展各种形式的双边或多边合作，为文化创作提供经济及其他方面的支持；完善公共设施配套建设，为创作成果提供展示空间。

在总体战略部署的基础上，秘鲁国家文化部将包含非物质文化遗产的各项文化遗产保护列为其工作职责的一个重要组成部分，并提出了一系列针对该领域的工作战略，这对我国非物质文化遗产保护工作提供了有效的政策建议，并起到重要的启示作用——体现出四"多"理念：多维度、多部门、多产业、多途径。

（1）多维度齐头并进。在共同的战略目标下，使非物质文化遗产保护与支持文化产业发展，推动艺术传播等文化部其他维度上的工作任务齐头并进，相辅相成；在共同的国家建设发展目标下，致力于突出文化在整个国家建设层面上的重要性和影响力，改变民众对于"非物质文化遗产以及其他文化成果只存在于艺术家与脑力劳动者的生活中"的观念，使文化在政府制定其他领域政策时也能发挥应有的积极作用。

（2）多部门统筹联动。成功的文化政策应是由文化部门统筹推动，鼓励国家政府及地方多个部门、多个社会组织与私人企业间的联动合作，配合宣传，使全体民众了解并参与到文化遗产的维护、使用、传播及相关知识产权的保护中来。

（3）多产业协作共赢。对非物质文化遗产的可持续的管理战略发展应当与城市和乡村、社会和地方各个方面的发展有机结合，通过与旅游业以及其他多种产业的紧密协作实现共赢。在发展旅游业时，不能仅仅出于经济效益的考虑过分重视和开发物质文化遗产，而轻视相对而言获得直接收益较少的非物质文化遗产。对于非物质文化遗产的合理利用将对旅游业发展起到推动作用，与此同时，旅游业也应担负起责任，对本国非物质文化遗产的保护、研究与传播做出应有的贡献，避免因过度商业化而造成的损失与破坏，使这些凝聚了智慧与心血的文化成果真正地为本国民众所享有。

（4）多途径辅助管理。利用网络与新兴信息技术来衡量与管理非物质文化遗产，有助于实现信息的实时动态更新，还原并保存以口头形式存在的传统文化，开发更多汇编与管理非物质文化遗产的创新项目，保障国内与国外的信息共享。

四、欧洲与美洲其他国家

1. 克罗地亚

截至 2020 年，克罗地亚成功申请人类非物质文化遗产代表作名录、优秀实践名册 17 项，其中纺织类非物质文化遗产项目 1 项：克罗地亚的花边制作技艺（2009 年）。

如今在克罗地亚流传的花边制作传统工艺主要有三种，分别是亚得里亚海沿岸的帕格镇针绣花边、克罗地亚北部的莱波格拉瓦线轴花边和达尔马提亚岛的瓦尔镇芦荟花边。帕格镇的针绣花边最初是在普通服装、教会服装、桌布上作装饰用，制作时主要以几何图形装饰蛛网图案。莱波格拉瓦的线轴花边制作时把线编织、缠绕在纺锤或线轴上，这种花边通常用于制作民族服装的花边饰带或单独作为装饰物在乡村集市上售卖。芦荟花边，只有瓦尔镇的本笃会修女掌握其制作技艺。制作过程是先从新鲜的芦荟叶子中提取细白丝线纤维，再在纸板托上用提取的丝线纤维编织成网状，或其他图案。织成的作品可以说是瓦尔的象征。长期以来，本地的农村妇女都是用这些花边编织技艺创造额外的收入，这些花边也成了该地区永久的文化印记。这种工艺既是传统服饰的重要组成部分，也是活态的文化传统的见证（图 5-11）。

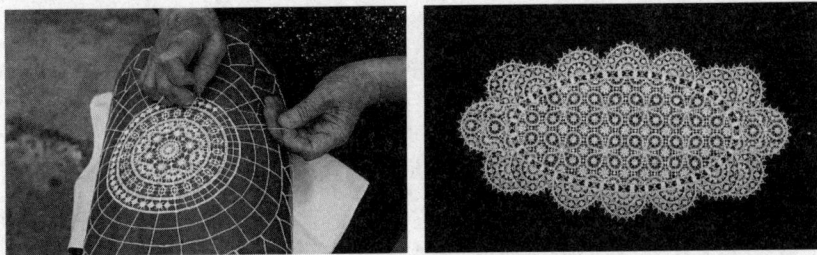

图 5-11　克罗地亚的花边制作技艺

2. 匈牙利

截至 2020 年，克罗地亚成功申请人类非物质文化遗产代表作名录、优秀实践名册 6 项，其中纺织类非物质文化遗产项目 2 项：一项是前文中写到的，与奥地利共和国、德意志联邦共和国、捷克共和国、斯洛伐克共和国联合申报的欧洲蓝印花布印染项目（2018 年），另一项是马提奥民间艺术——一个传统社区的刺绣技艺（2012 年）。

匈牙利东北部梅兹凯夫斯镇及其周边地区的罗马天主教马蒂地区民间艺术的特点是花卉图案，这些图案在平针刺绣物品和装饰物品中最为常见。马蒂刺绣装饰了该地区的传统服饰，当地人在庆祝活动和民间歌舞场合中穿着。这些花卉图案在加强马蒂地区的形象和身份识别度方面发挥了关键作用。除刺绣外，还常用于室内装饰、当代时尚和建筑。1991 年该地区成立了马蒂奥民间艺术协会，以传授刺绣技艺、组织众多文化活动和表演为主要工作内容。在其博尔塞卡刺绣圈中，任何人都可以从经验丰富的大师那里学习刺绣的艺术、技巧和图案。在当地民间舞蹈场合，人们身着绣有精美纹样的传统服装，使这一服装文化传统得以传承。马蒂刺绣在匈牙利的流行使它成为一种辅助收入形式，这些额外的收入使当地妇女能够购买制作精致服装所需的精美面料和用品。刺绣通常作为一种社区活动进行，它加强了人际关系和社区凝聚力，同时给个人的艺术展示提供了充分的空间（图5-12）。

图5-12　马提奥民间艺术——一个传统社区的刺绣技艺

第三节　非洲

在非洲土地上繁衍生息的人类由于地理、气候、环境的原因，创造出了独特的文化形式。黑格尔在《历史哲学》一书中，把非洲分为"非洲本土"（撒哈拉以南的非洲）、"欧洲的非洲"和"亚洲的非洲"（尼罗河流域）。如今，可能非洲在经济、政治等方面不如世界上的很多国家，但是它在文化方面，不比世界上任何的种族文化差，其中最为突出的就是尼罗河下游古埃及文明衍生出的埃及文化。

一、埃及

埃及是世界四大文明古国之一，人民在日常的生产、生活中创造了大量的非物质文化遗产。

1. 埃及纺织类非物质文化遗产概况

埃及非物质文化遗产具有形态多样、遗产价值高、面临失传或濒临灭绝三大特点。截至2020年，埃及成功申请人类非物质文化遗产代表作名录、急需保护的非物质文化遗产名录5项，其中纺织类非物质文化遗产项目1项：上埃及手工编织技艺，2020年列入急需保护的非物质文化遗产名录。

传统工艺"上埃及的手工编织（Sa'eed）"是一个复杂的过程，需要时间，精力，耐心和实践。织机的准备、穿线和织造涉及许多步骤和技术，才能实现最终产品。这是一项精密而复杂的工艺（图5-13）。

几个世纪以来，无论是作为家庭遗产还是作为职业，男人和女人都利用其继承的知识和艺术才能创造出绣花纺织品。亚麻、棉、羊毛或丝绸，其基本原理都与过去相同。但是，过去用昂贵的丝线编织的工厂逐渐转为棉花为原料，因为这样作更经济，而较小的窄幅织机已被较宽的织机代替。手织机被认为是有关社区认同和自豪的来源，手织机术语的持续存在证明了手织机对他们的根深蒂固的意义。然而，这种作法目前面临许多威胁。编织不再有利可图，在家编织需要闲置的空间来容纳织机，并且工作材料很昂贵。因此，该技艺被忽略了，并没有像过去那样传播下来。人们认为，在这一行业中培训新一代的年轻人将为有关社区不断升级的失业问题提供解决方案。

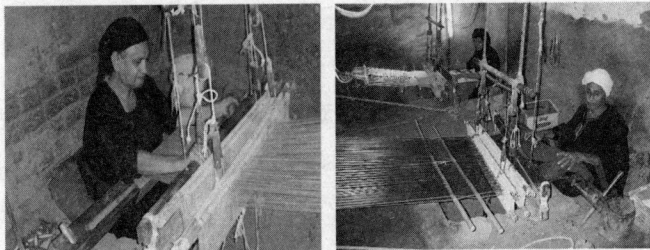

图 5-13　上埃及的手工编织技艺

2. 埃及纺织类非物质文化遗产保护的现状

埃及虽然是财力、人力和物力较为有限的第三世界国家，但各届政府在文物保护和文化传承方面均做出了较大的努力。

在政策制定方面，包括非物质文化遗产在内的文化遗产保护政策始终是埃及政府重视的重要内容之一，这主要体现在埃及政府对文化遗产关注度的不断提升。

一个国家对文化遗产保护的重视程度，首先体现在该国的具体相关法律制定层面。埃及政府早在《刑法典》（1937 年）和《民法典》（1948 年）中就有条款涉及文物和非物质文化遗产的保护问题。埃及共和国成立后，政府开始出台针对文物和文化遗产保护的专门法。其中最值得一提的是 1994 年，穆巴拉克总统签署第 82 号总统令，成立最高文物委员会，全权负责相关文物和文化遗产保护及政策制定事务。

2014 年 1 月，埃及新宪法通过公投。埃及文物保护和非物质文化遗产保护首次写入宪法条款，表明埃及政府将文化遗产保护提升到前所未有的高度。

埃及对非物质文化遗产的保护主要通过以下几方面的措施来实施的。

第一，从政府层面设立文化遗产保护机构。埃及政府 1859 年设立了隶属于公共事务部的文物服务局，主要负责国家文化遗产保护方面的工作，文物服务局后来又改为隶属于信息部，1960~2011 年成为埃及文化部的一部分。该部门于 1970 年更名为埃及文物局。1994 年成立了埃及遗产最高管理局，隶属于文化部。2011 年 3 月，文物局改名为最高文物管理委员会，从文化部独立出来，直接隶属于埃及内阁，并以独立部委的身份对埃及境内的遗产进行维护管理。

埃及最高文物管理委员会承担了埃及文化部在文化遗产领域的工作。该委员会制定了一系列工作任务和目标，重点有以下几个方面：在国家政策框架下制定与遗产相关的公共政策，并在各项活动中负责管理并协调下属机构之间的关系；为不同时期的遗产保护、勘探与研究颁布必要的指令和决议，并鼓励从事与遗产相关的学术研究，建立与遗产相关的博物馆并进行组织和管理；重视以发展的方式进行档案的记录工作，并从中获益；为文化艺术研究、出版刊物和广播电视提供方便；设立遗产与博物馆项目基金，与国内外相关机构合作，积极传播埃及文化遗产。

埃及最高文物管理委员会下设六个部分，均从事与文化遗产保护相关的工作。

第二，加入国际公约组织。埃及共和国建立后，就文化历史遗迹工作积极与国际组织对接，政府先后批准和加入了相关国际公约组织。1952~2016 年，埃及共加入 9 个与文化遗产保护相关的国际公约。

第三，提升文化遗产保护人才的专业素质。埃及近年来非常重视提升考古挖掘和古迹维修等专业技术人员的专业素质，加大了对这些人员的培训力度。具体措施包括：建立专门的学校，选派学校里的优秀学员出国深造；在增强国民文化遗产保护意识方面，埃及"从娃娃抓起"，每年都有由政府教育和文化部门、国家博物馆、民间保护组织共同举办的儿童文物知识培训班；组织在校中小学生参观博物馆和历史古迹；推出面向中小学生的图片和文字宣传资料，让孩子们更多地了解历史，从小树立文物保护观念。

第四，命名和注册式保护。联合国教科文组织的"人类口头与非物质遗产代表作"，就是通过命名的方式，达到推动非物质文化遗产保护的目的。埃及文化部和遗产保护委员会命名的有"努比亚文化遗址"，在客观上对编织艺术的弘扬、保护起到了促进作用。随着电子科技与网络的发展，埃及近年来也开始利用互联网建立信息数据系统，希望通过此举来完善埃及境内所有文化遗产的登记注册工作，为相关部门提供精确信息数据。信息数据系统的建设发展，有助于更好、更有效地统筹文化遗产保护工作及基础设施建设，制止文物被毁、被盗和走私行为的发生。

第五，收集、陈列式展览保护。埃及建立了很多博物馆、图书馆，目的是通过这种陈列式方式，既保护其物质与非物质文化资源，又向大众进行传播。如哈尼·阿齐兹·汉纳从 2007 年起，就与联合国教科文组织开罗办事处合作，发起"保护濒临灭绝的文化资产：埃及传统说书人的遗产及其乐器和道具"的活动。这项活动旨在组建专业性的非物质文化遗产博物馆，收集传统说书人的遗产和相关的道具，以及信息资料、文献资料等，将网站或网页信息链接至联合国教科文组织网页上。

第六，清真寺和基督教堂的保护。清真寺和科普特人基督教堂通常是宗教活动场所而已，但在埃及，由于宗教仪式特别悠久、繁多，清真寺和基督教堂不仅是宗教仪式举行的场所，而且是伊斯兰教和基督教传统宗教文化传习的重要地方。以科普特人基督教堂为例，科普特人的宗教仪式使用的是早已失传的科普特语来进行的。

第七，研究性保护。埃及国内外有很多学者围绕埃及非物质文化遗产这一主题积极展开研究，著书立说。英国艺术与人文研究委员会发起"保护埃及的文化遗产，降低对可持续性未来的威胁"，呼吁研究人员和组织积极加入研究工作坊。该项目的合作伙伴是埃及科技发展基金会。这个项目把英国和埃及两国的专家学者集聚一堂，共商解决埃及历史文化遗产的保护问题，提升国际学术界对埃及文化遗产保护和受到威胁的关注度。该项目还设有募集资金、研究资金和培养人才专项资金。

第八，开发式保护。埃及政府的开发性保护与商业性开发略有不同，它在开发之初就具有了保护的意识和措施。埃及宪法以及埃及旅游部、文化部和文化遗产保护委员会共同参与制定埃及旅游业发展的总体规划。通过将民间文化融入文化旅游开发之中，促进努比亚文化、吟唱文化的发展与传承，保证埃及多元文化的共存与共荣。

第九，宣传式保护。通过多种形式，加大对非物质文化遗产保护工作的宣传力度，提高普通民众保护非物质文化遗产的意识。政府部门和民间组织通过召开论坛，收集、整理并撰写相关学术论文，指导民众对本地区的传统文化资源进行自觉保护，向本国民众及世界展示埃及众多非物质文化遗产项目的风采。

第十，积极寻求国际合作。自 20 世纪 60 年代至今，埃及境内许多世界著名文化遗址的修复和挖掘工作，在资金和技术方面都得到了联合国教科文组织及世界各国的大力支持。埃及最高文物管理委员会颁布的一份调查报告中曾经提到，截至 2002 年，有 60 多个国家的 100 多个考古队帮助埃及 500 多个文化遗址进行考古挖掘工作。如今，每年约有 150 支来自世界各国的考古队在埃及从事文物发掘、保护和研究工作，这些考古队大多是自负经费。进入 21 世纪，随着高科技的飞速发展以及外来文化的冲击，埃及政府开始在数据及信息领域寻求国际合作的新尝试。埃及最高文物管理委员会早在 1983 年就开始对埃及境内所有物质及文化遗产重新登记注册，这一工程在 2000 年进一步完善，计划与新兴网络技术相结合，在互联网上建立完整的信息数据系统，记录有关文化遗产的精确数据。其目的在于更好地保存埃及文化的特色，以对抗全球化给埃及带来的负面影响。

3. 埃及对纺织类非物质文化遗产保护的经验与启示

埃及采取的各种形式保护措施，虽然对埃及非物质文化遗产的保护起到了一定的作用，但系统性、规范性和全局性仍显不足，对有些非物质文化遗产还缺乏抢救与保护意识，其问题主要有以下几个方面。第一，非物质文化遗产种类繁多，但政府部门对保护对象难以全面兼顾；第二，非物质文化遗产保护缺乏明确的法律依据；第三，非物质文化遗产缺乏专项抢救与保护经费；第四，缺乏专业研究人员，导致许多精美遗产难以重现风貌；第五，教育领域对非物质文化遗产的价值缺乏认知、不够重视，教育在文化遗产保护、传承方面所起作用不大，一些民间传统技艺和民间艺术面临失传；第六，政府部门倾向于利用非物质文化遗产创造经济效益，以至于带来了过度开发利用的隐患；第七，还未建立合理的市场机制，难以形成良性循环，保护机制亟待完善。

尽管如此，埃及政府在调动国内和国外资源的能力和方式上非常值得我们借鉴。第一，全面认识网络技术的重要性并加以充分利用。自 20 世纪八九十年代进入商业运作模式以来，互联网以前所未有的规模和速度革命性地改变着人们的生活方式、工作方式乃至思维模式。埃及充分利用网络资源，将埃及文化遗产的相关数据及时、准确地传输出去，给埃及整体文化事业带来了不可估量的机遇。第二，埃及政府的国际合作方法值得借鉴，特别是在利用国际资金方面的作法。第三，要加大对非物质文化领域的专业人才培养，这是保证非物质文化得以传承、后继有人的重要环节。

二、非洲其他国家

1. 乌干达

截至 2020 年，乌干达成功申请人类非物质文化遗产代表作名录 6 项，其中纺织类非物质文化遗产项目 1 项：乌干达树皮衣制作技艺（2008 年）。

树皮衣制作技艺是居住在乌干达南部巴干达王国的巴干达人的一项传统手工艺。当地的手工艺人在雨水充沛、气候湿润的季节里采集木图巴树的内层树皮，然后使用不同类型的木槌不断敲打，最终干硬的树皮变得柔软并呈现出均匀的泥土的颜色。男女树皮衣都是宽袍款式，女式树皮衣的腰间有腰带。普通人穿着的树皮衣的颜色是泥土色。国王和酋长的树皮衣区别为白色或黑色，穿着方式也与普通树皮衣不一样，以显示其地位。这种服装主要在一些特殊仪式场合穿着，如加冕礼、治疗仪式、葬礼和文化集会等。同时，软化后的树皮材料也可以用来做门帘、蚊帐、被褥和储藏袋。当地几乎每个村庄制造树皮产品的手工作坊都很繁忙。

然而，19 世纪棉花贸易的引入，使这项传统手工技艺发展变缓并几近消失，树皮衣似乎只剩下文化和精神内涵。近年来，为了延续传统，树皮衣制造技艺在巴干达王国受到特别的鼓励和促进，树皮衣作为特有的政治文化传统的象征，仍被高度认可（图 5-14）。

图 5-14　乌干达树皮衣制作技艺

2. 阿尔及利亚

截至 2020 年，阿尔及利亚成功申请人类非物质文化遗产代表作名录、急需保护的非物质文化遗产名录 8 项，其中纺织类非物质文化遗产项目 1 项：与特莱姆森传统婚礼服装相关的习俗与技艺（2012 年）。

阿尔及利亚西北部的特莱姆森婚礼仪式在父母的家中开始，新娘身着传统编织的金色丝绸礼服，被朋友和已婚女性包围，已婚女性也穿着自己的婚礼服装。新娘的手会用指甲花染料装饰，一位年长的女性会帮她戴上绣花天鹅绒、珠宝装饰的圆锥形帽子。一排排巴洛克式珍珠在身上作为装饰，来保护她免受邪恶灵魂的侵害。离开家时，新娘身上披着金色的丝绸面纱。在婚礼上，与新娘关系密切的已婚女性将红色和银色的图案画在新娘脸颊上和唇上，以净化和保护她。有了这些服饰、妆容的保护，新娘摘下她的面纱，准备结婚。特莱姆森的女孩从小就接受这种服装传统文化的熏陶，而制作珍贵婚纱的工艺则代代相传。仪式象征着家庭之间、几代人之间的纽带联系，而传统手工艺在延续特莱姆森地区的创造力和认同感方面起着重要作用（图5-15）。

图5-15　与特莱姆森传统婚礼服装相关的习俗与技艺

知识窗

联合国教科文组织

　　联合国教科文组织全称联合国教育、科学及文化组织（英文：United Nations Educational, Scientific and Cultural Organization，缩写 UNESCO），于1945年11月16日正式成立，总部设在法国首都巴黎，现有195个成员，是联合国在国际教育、科学和文化领域成员最多的专门机构。该组织旨在通过教育、科学和文化促进各国合作，为世界和平和安全做出贡献，其主要机构包括大会、执行局和秘书处。

联合国《保护非物质文化遗产公约》

　　《保护非物质文化遗产公约》（以下简称《公约》）于2003年10月在联合国教科文组织第32届大会上通过，旨在保护以传统、口头表述、节庆礼仪、手工技能、音乐、舞蹈等为代表的非物质文化遗产。《公约》于2006年4月生效。

　　非物质文化遗产又称口头或无形遗产，是相对于有形遗产即可传承的物质遗产而言。根据联合国教科文组织的定义，它是指"来自某一文化社区的全部创作，这些创作以传统为根据，由某一群体或一些个体所表达，并被认为是符合社区期望的作为其文化和社会特性的表达形式，其准则和价值通过模仿或其他方式口头相传"，包括各种类型的民族传统和民间知识，各种语言，口头文学，风俗习惯，民族民间的音乐、舞蹈、礼仪、手工艺、传统医学、建筑术以及其他艺术。

　　《公约》特别要求对各国和各地区现有的非物质文化遗产进行清点，列出急需抢救的重点和有重要代表意义的遗产项目，并要求建立一个由专家和各会员代表组成的

125

非物质文化遗产保护委员会，协调有关工作。

联合国教科文组织的专门委员会每年都会审议各国申报的遗产，然后决定是否将其列入名录。目前联合国教科文组织编制了"人类非物质文化遗产代表作名录""急需保护的非物质文化遗产名录""优秀实践名册"三项人类非物质文化遗产名录。

截至 2018 年 5 月 11 日，随着所罗门群岛的加入，该公约已有 178 个缔约国。目前仅有美国、英国、加拿大、澳大利亚、新西兰、俄罗斯、以色列、利比亚等国尚未加入本公约。中国于 2004 年 8 月加入该公约。

保护非物质文化遗产政府间委员会由《保护非物质文化遗产公约》缔约国大会选举产生的 24 个成员国组成，是《公约》执行机构之一。

联合国教科文组织于 2003 年 9 月 29 日~10 月 17 日在巴黎举行的第 32 届会议，参照现有的国际人权文书，尤其是 1948 年的《世界人权宣言》以及 1966 年的《经济、社会及文化权利国际公约》和《公民权利和政治权利国际公约》；考虑到 1989 年的《保护民间创作建议书》、2001 年的《教科文组织世界文化多样性宣言》和 2002 年第三次文化部长圆桌会议通过的《伊斯坦布尔宣言》，强调非物质文化遗产的重要性，它是文化多样性的熔炉，又是可持续发展的保证；考虑到非物质文化遗产与物质文化遗产和自然遗产之间的内在相互依存关系，承认全球化和社会转型进程在为各群体之间开展新的对话创造条件的同时，也使非物质文化遗产面临损坏、消失和破坏的严重威胁，在缺乏保护资源的情况下，这种威胁尤为严重；意识到保护人类非物质文化遗产是普遍的意愿和共同关心的事项，承认各社区，尤其是原住民、各群体，有时是个人，在非物质文化遗产的生产、保护、延续和再创造方面发挥着重要作用，从而为丰富文化多样性和人类的创造性做出贡献；注意到教科文组织在制定保护文化遗产的准则性文件，尤其是 1972 年的《保护世界文化和自然遗产公约》方面所做的具有深远意义的工作；还注意到迄今尚无有约束力的保护非物质文化遗产的多边文件；考虑到国际上现有的关于文化遗产和自然遗产的协定、建议书和决议需要有非物质文化遗产方面的新规定有效地予以充实和补充；考虑到必须提高人们，尤其是年轻一代对非物质文化遗产及其保护的重要意义的认识；考虑到国际社会应当本着互助合作的精神与本公约缔约国一起为保护此类遗产做出贡献，以及教科文组织有关非物质文化遗产的各项计划，尤其是"宣布人类口头遗产和非物质遗产代表作"计划，认为非物质文化遗产是密切人与人之间的关系以及他们之间进行交流和了解的要素，它的作用是不可估量的，于 2003 年 10 月 17 日通过本公约。

英国为什么没有加入联合国《保护非物质文化遗产公约》

英国是欧洲举足轻重的国家之一，对历史文化遗产的保护也非常重视。截至 2018 年，联合国《保护非物质文化遗产公约》有 178 个缔约国，英国没有加入。这并不是因为英国没有非物质文化遗产，相反英国拥有大量的非物质文化遗产，如传统手工艺方面的苏格兰格子、苏格兰威士忌，语言方面的威尔士语、康沃尔语等，社会风俗礼仪与庆典活动方面的圣火节、庄亚玛丽、威尔士诗歌大会等。英国在对非物质文化遗产概念的解读方面有着自己的认知和理解，受西方文化遗产只能以物质形式存在的主流观点影响，在英国看来，"文化均是以有形形式存在的，以有形的、客观的物质为载体，不存在脱离物质载体而存在的无形文化，无形文化应存在于有形文化之中。"基于此，英国否认非物质文化遗产的概念，从而也未参加联合国《保护非物质文化遗产公约》，未进行相关申报活动。

但是英国并没有忽视对非物质文化遗产的保护工作，很多措施制度、法律法规为世界各国在非物质文化遗产保护方面带来众多启示。

联合国《保护非物质文化遗产公约》缔约国名单

序号	国家或地区	序号	国家或地区
1	阿尔及利亚民主人民共和国	20	多米尼共和国
2	毛里求斯共和国	21	印度共和国
3	日本	22	越南社会主义共和国
4	加蓬共和国	23	秘鲁共和国
5	巴拿马共和国	24	巴基斯坦伊斯兰共和国
6	中华人民共和国	25	不丹王国
7	中非共和国	26	尼日利亚联邦共和国
8	拉脱维亚共和国	27	冰岛共和国
9	立陶宛共和国	28	墨西哥合众国
10	白俄罗斯共和国	29	塞内加尔共和国
11	韩国	30	罗马尼亚
12	塞舌尔共和国	31	爱沙尼亚共和国
13	阿拉伯叙利亚共和国	32	卢森堡大公国
14	阿拉伯联合酋长国	33	尼加拉瓜共和国
15	马里共和国	34	埃塞俄比亚联邦民主共和国
16	蒙古国	35	塞浦路斯共和国
17	克罗地亚共和国	36	多民族玻利维亚国
18	阿拉伯埃及共和国	37	巴西联邦共和国
19	阿曼苏丹国	38	保加利亚共和国

序号	国家或地区	序号	国家或地区
39	匈牙利	67	吉尔吉斯共和国
40	伊朗伊斯兰共和国	68	毛里塔尼亚伊斯兰共和国
41	约旦哈希姆王国	69	希腊共和国
42	比利时王国	70	黎巴嫩共和国
43	摩尔多瓦共和国	71	挪威王国
44	斯洛伐克共和国	72	阿塞拜疆共和国
45	土耳其共和国	73	乌拉圭东岸共和国
46	马达加斯加共和国	74	圣卢西亚
47	阿尔巴尼亚共和国	75	哥斯达黎加共和国
48	赞比亚共和国	76	委内瑞拉玻利瓦尔共和国
49	亚美尼亚共和国	77	尼日尔共和国
50	津巴布韦共和国	78	巴西联邦共和国
51	北马其顿共和国	79	摩纳哥公国
52	柬埔寨王国	80	吉布提共和国
53	摩洛哥王国	81	纳米比亚共和国
54	法兰西共和国	82	也门共和国
55	科特迪瓦共和国	83	印度尼西亚共和国
56	布基纳法索	84	莫桑比克共和国
57	洪都拉斯共和国	85	肯尼亚共和国
58	突尼斯共和国	86	意大利共和国
59	圣多美和普林西比民主共和国	87	伯利兹
60	阿根廷共和国	88	沙特阿拉伯王国
61	菲律宾共和国	89	乌兹别克斯坦共和国
62	布隆迪共和国	90	厄瓜多尔共和国
63	巴拉圭共和国	91	几内亚共和国
64	多米尼加共和国	92	格鲁吉亚
65	危地马拉共和国	93	哥伦比亚共和国
66	西班牙王国	94	斯里兰卡民主社会主义共和国

纺织类非物质文化遗产保护与开发概论

序号	国家或地区	序号	国家或地区
95	葡萄牙共和国	123	马拉维共和国
96	乌克兰	124	博茨瓦纳共和国
97	乍得共和国	125	尼泊尔
98	苏丹共和国	126	赤道几内亚共和国
99	瑞士联邦	127	塞尔维亚共和国
100	莱索托王国	128	特立尼达和多巴哥共和国
101	卡塔尔国	129	塔吉克斯坦共和国
102	巴布亚新几内亚独立国	130	瓦努阿图共和国
103	斯洛文尼亚共和国	131	牙买加
104	巴巴多斯	132	刚果民主共和国
105	朝鲜民主主义人民共和国	133	厄立特里亚国
106	智利共和国	134	瑞典
107	格林纳达	135	波兰共和国
108	多哥共和国	136	冈比亚共和国
109	捷克共和国	137	文莱达鲁萨兰国
110	波斯尼亚和黑塞哥维那	138	坦桑尼亚联合共和国
111	阿富汗	139	帕劳共和国
112	奥地利共和国	140	土库曼斯坦
113	乌干达共和国	141	巴勒斯坦国
114	孟加拉人民共和国	142	哈萨克斯坦共和国
115	黑山共和国	143	贝宁共和国
116	海地共和国	144	荷兰王国
117	圣文森特和格林纳丁斯	145	刚果共和国
118	丹麦王国	146	萨尔瓦多共和国
119	老挝人民民主共和国	147	喀麦隆共和国
120	伊拉克共和国	148	斯威士兰王国
121	斐济共和国	149	卢旺达共和国
122	汤加王国	150	密克罗尼西亚联邦

序号	国家或地区	序号	国家或地区
151	芬兰共和国	165	佛得角共和国
152	瑙鲁共和国	166	加纳共和国
153	德意志联邦共和国	167	几内亚比绍共和国
154	安提瓜和巴布达	168	南苏丹共和国
155	马来西亚	169	圣基茨和尼维斯联邦
156	安道尔公国	170	库克群岛
157	萨摩亚独立国	171	泰王国
158	科摩罗联盟	172	东帝汶民主共和国
159	巴林王国	173	马耳他共和国
160	缅甸联邦共和国	174	图瓦卢
161	巴哈马国	175	苏里南共和国
162	科威特国	176	基里巴斯共和国
163	马绍尔群岛共和国	177	新加坡共和国
164	爱尔兰	178	所罗门群岛

注 表中缔约国名单截至 2018 年 5 月。

联合国教科文组织纺织类非物质文化遗产代表作项目

截至 2019 年 12 月，联合国教科文组织非物质文化遗产名录（名册）项目共计 549 个，其中纺织类传统技艺项目及与纺织类项目保护相关的优秀实践名册项目共有 38 项。

序号	年份	申报国家	类型	项目名称
1	2012	阿尔及利亚民主人民共和国	人类非物质文化遗产代表作名录	与特莱姆森传统婚礼服装相关的习俗与技艺
2	2020	阿拉伯埃及共和国	急需保护的非物质文化遗产名录	上埃及手织品萨伊德
3	2011	阿拉伯联合酋长国	急需保护的非物质文化遗产名录	萨都，阿拉伯联合酋长国的传统编织技艺
4	2010	阿塞拜疆共和国	人类非物质文化遗产代表作名录	阿塞拜疆共和国的传统地毯编织艺术

序号	年份	申报国家	类型	项目名称
5	2014	阿塞拜疆共和国	人类非物质文化遗产代表作名录	女士丝巾制作技艺和穿戴习俗，Kelaghayi 的传统艺术和象征
6	2018	奥地利共和国，德意志联邦共和国，捷克共和国，斯洛伐克共和国，匈牙利	人类非物质文化遗产代表作名录	布劳德鲁克 / 摩德罗提斯克 / 柯克费斯特 / 摩德罗塔拉克：欧洲蓝印花布印染
7	2017	巴拿马共和国	人类非物质文化遗产代表作名录	塔尔科斯、克林加斯和宾大斯的草帽编织工艺流程及植物纤维技术 pinta'o 帽手工制作和植物纤维处理工艺
8	2014	保加利亚共和国	人类非物质文化遗产代表作名录	奇普罗夫齐传统地毯织造技艺
9	2008	秘鲁共和国	人类非物质文化遗产代表作名录	塔奎勒岛及其纺织工艺
10	2014	波斯尼亚和黑塞哥维那	人类非物质文化遗产代表作名录	Zmijanje 刺绣
11	2011	韩国	人类非物质文化遗产代表作名录	寒山地区的麻织传统
12	2012	厄瓜多尔共和国	人类非物质文化遗产代表作名录	厄瓜多尔传统巴拿马草帽编制技艺
13	2009	法兰西共和国	人类非物质文化遗产代表作名录	奥布松挂毯制作技艺
14	2010	法兰西共和国	人类非物质文化遗产代表作名录	阿朗松的针织花边技艺
15	2012	吉尔吉斯共和国	急需保护的非物质文化遗产名录	阿拉齐叶兹与施尔达克——吉尔吉斯斯坦传统毛毡地毯工艺
16	2019	吉尔吉斯共和国	人类非物质文化遗产代表作名录	白毡帽工艺：制作和佩戴吉尔吉斯斯坦男士头饰的传统知识和技艺
17	2009	克罗地亚共和国	人类非物质文化遗产代表作名录	克罗地亚的花边制作
18	2016	罗马尼亚，摩尔多瓦共和国	人类非物质文化遗产代表作名录	罗马尼亚和摩尔多瓦的传统壁毯制作技艺

序号	年份	申报国家	类型	项目名称
19	2020	科威特国，沙特阿拉伯王国	人类非物质文化遗产代表作名录	传统萨杜编织
20	2013	孟加拉人民共和国	人类非物质文化遗产代表作名录	传统的竖达尼编织艺术
21	2009	日本国	人类非物质文化遗产代表作名录	新潟县鱼沼地区苎麻布织造工艺
22	2010	日本国	人类非物质文化遗产代表作名录	结城绸生产工艺
23	2019	萨摩亚独立国	人类非物质文化遗产代表作名录	萨摩亚编织垫：精编垫子及其文化价值
24	2009	塞浦路斯共和国	人类非物质文化遗产代表作名录	莱夫卡拉花边制作
25	2018	斯洛文尼亚共和国	人类非物质文化遗产代表作名录	斯洛文尼亚的棒槌蕾丝制作
26	2018	塔吉克斯坦共和国	人类非物质文化遗产代表作名录	查坎：塔吉克斯坦刺绣艺术
27	2019	土库曼斯坦	人类非物质文化遗产代表作名录	传统土库曼地毯制作艺术
28	2015	委内瑞拉玻利瓦尔共和国	人类非物质文化遗产代表作名录	种植和加工 Curagua 的传统知识和技能
29	2008	乌干达共和国	急需保护的非物质文化遗产名录	乌干达树皮衣制作
30	2017	乌兹别克斯坦共和国	优秀实践名册	马尔吉兰工艺发展中心，保护精细纺织 the atlas 和阿德拉斯绸传统工艺
31	2012	匈牙利	人类非物质文化遗产代表作名录	马提奥民间艺术——一个传统社区的刺绣技艺
32	2010	伊朗伊斯兰共和国	人类非物质文化遗产代表作名录	法尔斯地毯编织的传统技艺
33	2009	印度尼西亚共和国	人类非物质文化遗产代表作名录	印度尼西亚的蜡染印花工艺
34	2009	印度尼西亚共和国	优秀实践名册	印度尼西亚北加浪岸的蜡染布博物馆——小学、初高中、职业学校和工艺学校的非物质文化遗产教育和培训

序号	年份	申报国家	类型	项目名称
35	2012	印度尼西亚共和国	急需保护的非物质文化遗产名录	巴布亚人诺肯多功用袋手工编结或纺织技艺
36	2009	中华人民共和国	急需保护的非物质文化遗产名录	黎族传统纺染织绣技艺
37	2009	中华人民共和国	人类非物质文化遗产代表作名录	南京云锦织造技艺
38	2009	中华人民共和国	人类非物质文化遗产代表作名录	中国传统桑蚕丝织技艺

思考题

1. 试述研究世界各国纺织类非物质文化遗产保护与开发情况的意义。

2. 试述日本纺织类非物质文化遗产对其国内文化传承与发展的影响。

3. 目前联合国教科文组织编制的三项人类非物质文化遗产名录都是什么？

实践题

请选取一个国家作为示例，总结其纺织类非物质文化遗产保护与开发的经验。

参考文献

［1］联合国教育、科学及文化组织保护世界文化遗产和自然遗产政府间委员会.实施世界遗产公约的操作指南[S/OL].北京:文物出版社,2014.

［2］文化部外联局.联合国教科文组织保护世界文化公约选编[M].北京:法律出版社,2006.

［3］联合国教育、科学及文化组织.保护非物质文化遗产公约[R/OL].中华人民共和国全国人民代表大会常务委员会公报,2006,2.

［4］中国美术家协会.中华人民共和国非物质文化遗产法[R/OL].司法业务文选,2011.

［5］杨亮,张纪群.非物质文化遗产的价值及价值结构问题:中国非物质文化遗产研究的方法论思考[J].理论导刊,s2017,8:89-92.

［6］国务院办公厅.国家级非物质文化遗产代表作申报评定暂行办法[R/OL].文化市场,2008（1）.

［7］李明.生态文明中商品的生态价值研究[D].长沙:湖南大学,2011.

［8］杨飞.南通色织土布的传承与可持续发展研究[D].苏州:苏州大学,2012.

［9］张抒.中国几何形装饰[M].南宁:广西美术出版社,2000.

［10］田小雨.土家织锦的现代价值及其保护与传承[J].民族论坛,2009（5）:52-53.

［11］施晓凤.潮绣图案艺术风格研究[D].广州:广东工业大学,2017.

［12］张超,朱晓君,果霖,等.水族马尾绣在当代社会中的价值转变[J].贵州大学学报（艺术版）,2015,4（2）:120-123.

［13］宋金良.广西民族织锦的艺术特点[J].南京艺术学院学报,1980（2）:136-142.

［14］鞠斐.论羌族民艺地域性设计的人文价值[J].艺术理论,2009（6）:216.

［15］任雪玲,葛玉珍.鲁锦的艺术特色及基础纹样解析[J].丝绸,2009（6）:46-47.

［16］党春直.中原民间工艺美术[M].郑州:河南人民出版社,2006.

［17］朱亮亮.繁针乱绣之华美:浅析国礼乱针绣的艺术价值[J].艺术市场,2007（10）:112-113.

［18］城一夫,徐漠译.色彩史话[M].杭州:浙江人民美术出版社.1990.

［19］尹红.广西融水苗族服饰的文化生态研究[D].杭州:中国美术学院,2011.

［20］袁爱莉.源于自然审美的哈尼族服饰生态文化[J].云南民族大学学报（哲学社会科学

版）.2011（5）：56–59.

［21］王小琴.谈羌绣的亲和之美与价值转换［J］.长春教育学院学报，2013，9（17）：52.

［22］李萍.百色市非物质文化遗产审美价值开发研究：基于靖西壮族织锦技艺的视角［J］.百色学院学报，2014，11（6）：90–94.

［23］郭竞.试论文化生态视野下的非物质文化遗产保护：以乌泥径手工棉纺织技艺为例［D］.上海：华东师范大学，2009.

［24］黄岩.国家认同：民族发展政治的目标建构［M］.北京：民族出版社，2011.

［25］丁天，顾森毅.沈绣的艺术成就与传承价值［J］.南通大学学报（社会科学版），2016（11）：136–140.

［26］王万平.《非物质文化遗产保护法》的立法目的分析［J］.人大研究，2019，（5）：28–29.

［27］宋慧献.论文化遗产法的基本原则［J］.新闻爱好者，2017，（7）：64–71.

［28］李一丁."非物质文化遗产"传承人权利保障机制地方法制评述：兼论"非物质文化遗产法"的反思与完善［J］.东南文化，2018，6（266）：12–15.

［29］钟亚雅，李雨航."法律监督＋行政执法"共同推动文化遗产保护［R/OL］.http：//newspaper.jcrb.com/2020/20201203/20201203_007/20201203_007_2.htm.检察日报.2020，（12）：1–2.

［30］熊英.论我国非物质文化遗产法律保护体系的构建［J］.重庆工商大学学报（社会科学版），2010（12）：57–64.

［31］刘原.非物质文化遗产及其法律保护体系探析［J］.人文天下，2020（12）：42–46.

［32］周敏.苏州市非物质文化遗产保护立法的实践与思考［J］.遗产与保护研究，2016（3）：48–50.

［33］张磊.论中国非物质文化遗产的国际法保护［J］.黔东南民族师范高等专科学校学报，2006（1）：20–23.

［34］戴健.我国非物质文化遗产立法保护探析［J］.河南教育学院学报（哲学社会科学版），2016（9）：29–32.

［35］齐崇文.建立健全中国特色社会主义文化法律制度的思路［J］.行政管理改革，2020（11）：61–68.

［36］张天漫.代表性项目名录制度中法律保障机制的重要意义［J］.百花，2020（7）：38–41.

［37］赵冬菊.非物质文化遗产立法中的民族民俗文物法律保护［J］.中国名城，2013（5）：59–61.

［38］冯晓青.非物质文化遗产与知识产权保护［J］.知识产权学术论坛，2010（5）：15–23.

［39］田圣斌，蓝楠，姜艳丽.知识产权视角下非物质文化遗产保护的法律思考［J］.湖北社会科学，2008（2）：148–151.

［40］曹德明.国外非物质文化遗产保护的经验与启示［M］.北京：社会科学文献出版社，2018.

［41］http：//www.crihap.cn/？noredirection 联合国教科文组织亚太地区非物质文化遗产国际培训中心网站.

［42］http：//www.ihchina.cn 中国非物质文化遗产网.

［43］https：//www.feiyiw.cn 外研非物质文化遗产网.

[44] 凌明一，张博文.英国非物质文化遗产保护的特色及优势 [J].名作欣赏，2021（1）：100-102.

[45] 陈方方，陶丽萍.国外非物质文化遗产协同创新保护的经验与启示 [J].中国民族博览，2020（7）：48-49.

[46] 倪晓艳.基于乡土地理的高中地理课"问题研究"教学改革探索 [D].南京：南京师范大学，2011.

[47] 吴茂庭.技艺类非物质文化遗产保护与传承视角的民间生态 [J].西部皮革，2020，42（2）：117.

[48] 许茂琦."非物质文化遗产"传统美术类项目的田野调查法 [J].四川戏剧，2013（6）：75-77.

[49] 刘倩.马克思主义文化观视野中的中国非物质文化遗产保护与传承 [D].广州：华南理工大学，2019.

[50] 刘魁立.非物质文化遗产的共享性、本真性与人类文化多样性发展 [J].徐州工程学院学报（社会科学版），2010，25（2）：64-67.

[51] 马艳华，莫钧钧，张玉欣.纺织类非物质文化遗产产业化路径选择 [J].武汉纺织大学学报，2014，27（2）：18-22.

[52] 刘嘉.振兴传统工艺提升文化自信，纺织类非物质文化遗产生产性保护座谈会在京召开 [J].纺织服装周刊，2016（41）：20-21.

[53] 关昕.民俗类非物质文化遗产的特征和保护策略 [J].重庆文理学院学报（社会科学版），2010，29（1）：1-6.

[54] 黄小燕.高中地理学困生的学习障碍分析及转化策略研究 [D].武汉：华中师范大学，2013.

[55] 郝杰，关云鹤.创新式传承，共筑纺织非物质文化遗产新生态首届中国纺织非物质文化遗产大会 11 月相约千岛湖文渊狮城 [J].纺织服装周刊，2017（25）：8-9.

[56] 胡兵.底层抗争与基层治理当代中国乡村社会秩序研究 [D].上海：华东理工大学，2013.

[57] 赵金金.安徽省非物质文化遗产旅游资源的空间格局及开发模式研究 [J].青岛科技大学学报（社会科学版），2020，36（2）：36-45.

[58] 史修永，齐颖.非物质文化遗产与城市特色的重塑：以江苏省徐州市为例 [J].中国矿业大学学报（社会科学版），2010，12（3）：115-119.

[59] Bouchenaki M. The interdependency of the tangible and intangible cultural heritage [C]. //14th ICOMOS General Assembly and International Symposium：'Place，memory，meaning：preserving intangible values in monuments and sites'.2003.

[60] 孙兆刚.论文化生态系统 [J].系统科学学报，2003，11（3）：100-103.

[61] 戚序，王海明.对非物质文化遗产传承人生存环境的思考：以重庆铜梁扎龙世家为例 [J].西南大学学报（人文社会科学版），2011（3）：111-116.

[62] Cominelli F, Greffe X. Intangible cultural heritage：Safeguarding for creativity [J]. City Culture & Society, 2012, 3（4）：245-250.

[63] Karavia D, Georgopoulos A. Placing Intangible Cultural Heritage[C].// Digital Heritage

纺织类非物质文化遗产保护与开发概论

International Congress（Digital Heritage）, IEEE, 2013：675-678.

［64］刘智英，马知遥 .2016 年非物质文化遗产学术研究述评 [J]. 贵州大学学报，2017，2：60-68.

［65］庄春辉 . 阿坝州藏羌文化生态保护利用的价值及对策 [J]. 西藏艺术研究，2010（3）：62-72.

［66］Bakar A A, Osman M M, Bachok S, et al. Analysis on Community Involvement Level in Intangible Cultural Heritage：Malacca Cultural Community [J]. Procedia-Social and Behavioral Sciences，2014，153：286-297.

［67］范雨涛，吴永强 . 新城镇化背景下羌族原生态村镇可持续发展研究 [J]. 生态经济，2014（3）：10.

［68］刘玉宝 . 赣南传统村落文化的生态价值 [J]. 文化创新比较研究，2017（7）：9.

［69］张嶷枝 . 昆曲艺术的歌舞结合形式的发展与流变 [J]. 当代音乐，2016，11（18）：70-71.

［70］邵文东 . 海南黎族传统村落、织锦、和民谣文化的审美价值 [J]. 新东方，2009（10）：38-40.

［71］邰凯，韩会庆，邰红娟 . 文化生态学视野下的贵州传统蜡染艺术的形成与演变 [J]. 贵州大学学报（艺术版），2010，3（1）：91-94.

［72］Lees E. Intangible Cultural Heritage in a Modernizing Bhutan：The Question of Remaining Viable and Dynamic [J]. International Journal of Cultural Property, 2011，18（2）：179-200.

［73］张建世 . 黔东南苗族传统银饰工艺变迁及成因分析：以贵州台江塘龙寨、雷山控拜村为例 [J]. 民族研究，2011（1）：42-50，109.

［74］王金玲 . 布依族服饰民俗中的文化生态 [J]. 贵州民族大学学报（哲学社会科学版），2014（2）：13-16.

［75］常艳 . 黎族传统织锦的文化价值及现代传承 [J]. 贵州民族研究，2016（8）：71-74.

［76］李尚书，石珮锦，杨婷，等 . 白族扎染技艺的特点、价值与传承 [J]. 武汉纺织大学学报，2017，10（5）：16-18.

［77］黄琳 . 恩施土家族服饰文化生态研究 [D]. 武汉：武汉纺织大学，2018.

［78］田米香 . 文化生态学视域下广西毛南族文化的生态问题及对策 [J]. 河池学院学报，2018，2（1）：46-49.

［79］刘永明 . 新时代非物质文化遗产保护方法体系论：以生活性、生产性和生态性保护为中心 [J]. 设计美学论坛，2018（4）：7-16.

［80］联合国教科文组织 . 保护非物质文化遗产伦理原则 [J]. 巴莫曲布嫫，张玲，译 . 民族文学研究，2016（3）：5-6.

［81］方李莉 . 文化生态失衡问题的提出 [J]. 北京大学学报（哲学社会科学版），2001，38（3）：105-113.

［82］李红杰 . 尊重民族文化多样性与维护自然生态平衡的辩证关系 [J]. 中南民族学院学报（人文社会科学版），2003（2）：48-54.

［83］Nettleford R. Migration, transmission and maintenance of the intangible heritage[J]. Museum International, 2014，56（1-2）：78-83.

［84］刘魁立.非物质文化遗产及其保护的整体性原则 [J].广西师范学院学报（哲学社会科学版），2004（10）：1-5.

［85］Ruggles D F，Silverman H. From tangible to intangible heritage. Intangible heritage embodied[M]. Springer, 2009.

［86］张博.非物质文化遗产的文化空间保护 [J].青海社会科学，2007（1）：33-36.

［87］Jang S G. The agriculture heritage，heritage tourism，and ecomuseum–A study on application of ecomuseum or linking agriculture heritage to regional revitalization[J]. Journal of Agricultural Extension & Community Development, 2013，20（4）：989-1021.

［88］COSMOS. The COSMOS Charter on Cultural Route[R/OL].（2017-03-12）.https : //ich.unesco. org/en/convention.

［89］夏征农，陈至立.辞海：缩印本 [M].上海：上海辞书出版社，2010.

纺织类非物质文化遗产保护与开发概论

附　录　课程思政教学"三位一体"目标体系

知识目标 （知识传授）	能力目标 （能力培养）	课程思政目标 （价值塑造）
第一章　纺织类非物质文化遗产概述	了解纺织类非物质文化遗产赋存现状	通过数据、图片、统计分析对比等介绍纺织类非物质文化遗产赋存情况，让同学们感受中国传统文化的博大精深，领略中国纺织类非物质文化遗产的独特魅力，建构民族自信和文化认同
第二章　纺织类非物质文化遗产的价值	掌握纺织类非物质文化遗产价值构成及内涵	通过视频、与传承人互动等引入纺织类非物质文化遗产价值的学习内容，引导同学们深入理解中国传统文化中渗透的民族的价值观念、道德准则、审美习惯、生活方式 通过传承人技艺演示、视频资料、手操实践等了解典型纺织类非物质文化遗产项目工艺、技艺流程，引导同学们深刻感受纺织类非物质文化遗产所蕴含的大国工匠精神，团结、协作、共赢精神，创新精神
第三章　纺织类非物质文化遗产保护的法律机制	掌握纺织类非物质文化遗产保护的原则与相关法律机制	通过保护原则与法律机制的学习，引导学生建立科学的非物质文化遗产观，结合专业思考纺织类非物质文化遗产传承与保护手段的创新
第四章　纺织类非物质文化遗产的调查与采录	掌握纺织类非物质文化遗产调查与采录的方法	通过相关内容学习，让学生掌握纺织类非物质文化遗产调查和采录的原则与基本方法，引导学生构建大系统观的视角，激发责任担当意识，实现非物质文化遗产的长期保护和可持续发展
第五章　国外纺织类非物质文化遗产保护与开发的经验	学习世界纺织类非物质文化遗产保护与开发的经验	习近平主席在亚洲文明对话大会开幕式上的主旨演讲中深刻指出："文明因多样而交流，因交流而互鉴，因互鉴而发展。"引导学生学习世界纺织类非物质文化遗产保护的成功经验，激发责任担当意识，更好地保护和传承中国非物质文化遗产